JN440590

내일은
쾌청하다

내일은
쾌청하다

고 성 중 지음

한국문화사

책머리에

수필집 『밤하늘의 별을 보라』를 내고 10년 만이다.

권태에 도전하기 위하여 글을 쓰려고 노력했었는데 권태만 기세고 도전하는 힘은 점점 쇠약해져서 제대로 글을 쓰지 못했다는 자괴감이 난다. 그만큼 정서가 메마른 증거이니 부끄럽다.

한 5, 6년 '홈페이지'니 '블로그'니 하는 것을 통하여 후진들에게 쉽게 접할 수 없는 지식을 알리려 짬짬이 '단상'이니 '월요 단상'이니 하여 쓴 글들과 과거를 추억하는 글들을 모아 『내일은 쾌청하다』는 제로 묶어 보았다.

자연히 시세에 대한 감상이 많아지고 순수한 정서를 담은 글을 별로 쓰지 못한 것을 못내 아쉬워한다.

팔순을 넘긴 친구들에게서

"자네는 언제까지 글을 쓸 수 있을 것 같은가?"

하는 말을 듣기도 하고 말하기도 하였었는데….

글 쓰는 일이 만만한 일이 아님을 점점 절감하는 요즘이다.

보잘 것 없지만, 고희 후의 소산임을 배려하여 좋은 마음으로 읽어주셨으면 천만다행이라 여길 따름이다.

2015년 5월 30일

지은이 **고 성 중**

차 례

2부 사회참여 社會參與

5부 추억방담 追憶放談

6부 온고지신 溫故知新

1부

자아성찰 自我省察

관음죽이 꽃을 피웠는데
그래도 고마워하자
나이 먹는 날
날로 새로워지는 생활
내 생애의 사명은 무엇일까
거울 앞에서
자신을 되돌아보는 습관
새해 첫날 새벽에 드리는 기도
덕은 외롭지 않다
어느 팔순 노인의 한자 풀이
얼굴에 대한 단상
천진한 미소
세월 속에 묻혀가는 부질없는 생각
감추어진 격량, 담담한 표정
영혼의 향수

관음죽이 꽃을 피웠는데

화분에서 10여 년 동안 가꾼 관음죽이 꽃을 피웠다. 사슴의 뿔 같은 모양의 연분홍 줄기에 베이지색의 작은 가지를 펴고 좁씨 같은 자그만 꽃이 피었다. 이제까지 나는 관음죽은 관엽 식물로서 광택이 나는 잎을 보는 즐거움 때문에 선호하는 식물이라고만 생각했다. 그런데 꽃을 보게 될 줄이야. 알아보니까 관음죽은 몇십 년에 한 번 꽃을 피운다고 하는데 아마도 내가 가꾼 관음죽은 이제 꽃이 필 절정을 맞은 것이 아닌가?

내자는 희귀한 꽃이 피었으니 상서로운 징조라고 퍽 좋아하고 이웃에 자랑하곤 한다. 해방되던 해의 일이다. 전쟁에 광분하던 일제는 학교에 총동원령을 내려 어린 초등학교 학생인 우리에게 농지를 개간하고 고구마를 재배하여 그 소산을 학교에 바치게 했다. 우리 같은 동네 아동들 8명이 50평 정도의 땅을 개간하여 고구마를 심었었다. 여름 어느 날 그 고구마밭에는 메꽃 같은 연분홍의 고구마 꽃이 피었다. 매우 예뻤었다. 동네 노인에게 여쭈었더니 세상이 바뀔 징조라고 하는 이야기를 들었는데 얼마 안 가서 일본 천황이 항복하는 방송을 하고 우리나라는 해방을 맞은 일이 있었다. 이 고구마 꽃도 보기 드문 꽃이다. 같은 해에 우리 집 텃밭에 있는 대나무밭에도 대나무 꽃이 핀 일이 있었다.

관음죽이 꽃 핀 것은 과연 길조일까?

그런데 생물은 종족을 번식시키기 위하여 꽃을 피우거나 알을 낳고 쇠퇴기를 맞는다 하는데 아마도 이 관음죽은 수명이 다하는 것이 아닌가? 번식함은 경사스러운 일이지만 쇠퇴하여 고갈될 날이 머지않았다는 것은 매우 안쓰러운 일이 아닐 수 없다. 물을 주고 광택이 나도록 잎의 먼지를 닦고 거름을 주곤 하며 알뜰히 가꾸었는데….

해방이 되던 해에 꽃을 피웠던 우리 집 텃밭의 대나무는 점점 수세가 약해져서 잘 자라지 않았던 기억이 난다.

꽃이 피면 열매가 맺는 것이 당연한 이치인데 연실(練實)이라는 대나무 열매는 3천 년이나 5천 년에 한 번 열린다 하여 영험한 것으로 여겼다 한다. 인간은 3천 년이나 5천 년을 사는 수가 없으니 대나무의 열매 연실을 볼 수는 없을 터이고, 어쩌다 그때 살았던 사람만이 볼 수 있는 영광일지 모른다. 그러니 전설처럼 전해오는 것이 아닐까?

그런데 남아메리카 페루의 안데스 산 고산지대에는 100년에 한 번 피는 푸야 라이몬디(Puya Raimondi)라는 희귀한 식물이 있는데, 사막에 자라는 파인애플과에 속하는 식물로서 나무줄기만은 4~5미터 정도이고 가시가 돋은 기다란 잎이 방사형으로 뻗어 지름 4미터 정도의 둥근 모양을 이루고 척박한 산에 자란다고 한다. 그것이 꽃을 피우게 되면 한 달 사이에 6미터나 되는 꽃대를 세우고 1만 개가 넘는 하얀 꽃을 일제히 피우고 이 꽃이 시들고 나면 그 식물 자체도 시들어 죽어버린다고 한다. 한 달 사이에 6미터나 되는 꽃대를 내는 데는 적어도 100년의 세월을 견디고 정력을 쌓은 공이 있어야 하는 것이다.

칠십여 년을 살아온 나는 어떠한가?

나는 인생은 강물과 같다고 생각한다. 산속의 이곳저곳에서 모아들인 옹달샘 같은 수원이 마치 어려서는 저수지처럼 물을 채우고서는 점차 개울을 이루고 시내를 이루어 큰 강의 상류의 물이 된다. 저수지가 되는 옹달샘은 깊을수록 좋고 거기에 물이 많이 찰수록 좋다. 차고 넘치는 물은 돌돌돌 자그만 여울 소리를 내며 개울이 되고 점차 시내를 이루며 큰 강의 상류가 되는 것처럼 인생의 20대는 질풍노도 같은 골짜기로의 여울 소리를 내며 곤두박질치기도 하였다. 이 강물은 중류에 이르러 더 넓은 세상에서 이 골 저 골에서 모여드는 물들과 한데 어울려 도도한 물결을 이루며 흐른다. 강가의 물풀들을 키우고 고기를 키우기도 할 것이고 쪽배를 띄우기도 한다. 그러나 아직 그것으로는 부족하다. 세월은 물과 같다고 하듯이 세월이 가는 데 따라 물은 하류로 모이게 될 것이다. 때로는 폭포를 이루어 우렁찬 소리를 내며 수 백길 밑으로 낙하하기도 하고, 둑을 넘어서 홍수를 일으키기도 하고, 큰 물고기를 키우며 큰 배를 띄우기도 한다.

이처럼 나도 온갖 우여곡절을 겪으며 살아온 것이 아닐까 하고 생각해 본다. 관음죽이 나이가 차서 꽃을 피우고 쇠하듯이 나 또한 그런 고비에 이른 것이 아닌가.

적어도 한 번쯤은 꽃을 피워야 할 터인데 이게 무엇이란 말인가. 바람만 먹고 살았는가. 바람처럼 살다가 바람처럼 사라질 신세란 말인가. 참으로 허무하기 한이 없다.

과연 나는 지금 어디쯤 와 있는 것일까. 마지막으로 꽃을 피울 수는 없는 것일까.

이제 막 강 하류에 이르러서 아무런 구실을 못하는 신세가 된다

하더라도 장차 심해 깊은 곳으로 스며들어 청정하고 영양이 풍부하며 언제나 변함이 없는 상태인 심층수가 되리라. 그리하여 수백 수천 년 후에 끌어올려서 많은 사람들에게 도움이 되는 가치 있는 심층수가 되리라 하고 꿈꾸어본다.

그래도, 고마워하자

화창한 햇살에 싱그러운 신록이 피어나는 계절인데 한 삼일 집안에만 박혀 있었다.

하루는 비바람이 몰아쳤고 하루는 온종일 배탈이 나서 앓다가 이튿날 병원에 가서 진료를 받으니 급성 장염으로 큰 걱정은 없는데 오늘 하루는 금식하여 물만 마시라는 진단을 받았다.

4일째 아침에는 몸 상태가 좋아져서 죽을 먹고 아침 운동도 할 수 있었다. 몸에 병이라도 났다면 어떠할 것인가? 이 정도로 회복되었으니 고마운 일이다.

10여 일 전에 고추와 들깨를 심었는데 활착 상황도 확인하고 비료도 쳐야 해서 운동도 되고 들바람도 쐴 겸하여 15킬로미터 떨어진 산으로 갔다.

항상 다니던 길을 가지 않고 엉뚱한 길을 가다가 연료계를 보니 휘발유가 다 되어간다. 가다가 주유소가 있어서 들렀더니 휘발유 주유소가 아니고 가스 충전소엘 들른 것이었다.

교외로 많이 나왔는데 주유소엘 가려면 먼 길을 돌아서 가야 하게 되었다. 그러나 멀리 돌기는 하여도 가는 길 도중이라서 다행이었다.

휘발유를 주유하고서 산길을 올라갔다. 9킬로 정도의 산길이다.

이 산길은 단선이라서 오가는 차량이 교차하기가 매우 불편하다. 마침 이 이른 시간에 벌써 산에서 내려오는 사람이 있어서 비탈진 외길에서 차를 만났다. 내 차가 뒤로 물러서야 할 형편이라서 물러서는데 갑자기 엔진이 작동이 멈추어서 제동이 듣지 않을 뿐 아니라 핸들도 조작할 수가 없었다. 하마터면 구렁에 빠질 뻔하였다. 구렁은 적어도 5~6미터는 넉넉히 되는 곳이다. 온몸에 땀이 솟았다.

다행히 엔진이 걸려서 차를 보낼 수가 있었다.

마주 오던 그 차에 탄 사람들도 놀란 듯 고마워하는 듯 손을 흔들며 떠났다. 나는 긴 한숨을 몰아쉬고 아 운이 좋았다 하고 안도했다.

엔진이 걸리지 않았다면 구렁에 빠져서 크게 곤혹을 치를 뻔하였는데 이 또한 고마운 일이 아닌가.

오늘은 이렇게 불행 중에 다행하여 큰 사고를 면할 수 있어 고마워해야 하는 하루였다.

“내가 산을 향하여 눈을 들리라. 나의 도움이 어디서 올까? 나의 도움은 천지를 지으신 여호와에게서로다. 여호와께서 나를 실족하지 아니하게 하시며 너를 지키시는 이가 졸지 아니하시리로다.” 참으로 천지를 지으신 이가 나를 지켜주신 것으로 생각하고 시편을 음미하며 고마운 마음으로 하루를 났다.

범사에 고마워하자. 고마워하는 마음에 모든 액은 물러난다.

나이 먹는 날

설날에 모인 손자 손녀들이 수수께끼 놀이를 하고 있었다. 가장 맏이인 고교 2년생이 문제를 내었다.

"아침에는 네 발로 걷고, 점심때에는 두 발로 걷다가, 저녁에는 세 발로 걷는 동물은 무엇인가?"

초등학교 2학년인 막내가 대답했다.

"그것은 사람이다."

이 수수께끼는 유명한 소위 '스핑크스의 수수께끼'이다.

사람이 어릴 때는 기어서 다니므로 네 발로 걷는 것이고 자라면 두 발로 걷고 늙어서는 지팡이를 짚고 걸어야 하니 세 발로 걷는 셈이다.

너무나 유명하니까 초등학생이 알아 정답을 내었다. 그런데 옛날에는 이 수수께끼의 정답을 맞히지 못하여 많은 사람이 괴물에게 잡혀 죽었다고 하니 한마디로 목숨 걸고 풀어야 할 수수께끼였는지 모른다.

옆에서 듣고 있던 삼촌이 한 가지 수수께끼를 내었다.

"먹어도 배가 부르지 않고 아니 먹을 수도 없고 한꺼번에 많이 먹을 수도 없고 많이 먹으면 더 먹지 못하는 것은 무엇인가?"

"밥이다." "공기이다." "라면이다." 등등

한 참 있어도 아무도 정답을 내지 못하고 서로 얼굴만 쳐다보고 깔깔 웃었다. 보다 못한 삼촌은 정답을 말해주었다.

"그것은 나이이다. 오늘은 먹고 싶지 않아도 나이를 먹어야 하는 설날이다. 그렇다고 한꺼번에 많이 먹을 수도 없고 너무 많이 먹으면 늙어서 이 세상을 떠나 버리면 더 먹지 못하는 것이 나이란다."

그럴싸하다. 어려서는 빨리 많이 먹고 싶은 것이었을지 모르나 나이가 들어가면 먹는 것이 두렵고 늙어서는 무섭기까지 한 것이 나이이다.

그러나 나이를 먹는 것은 나의 생활이 충실해짐을 뜻하기도 한 것이니 잘 먹고 그에 걸맞은 일을 하며 보람을 찾는 데에 더 노력해야 할 것이라 생각해본다.

날로 새로워지는 생활

혹시 우리는 매일 매일 아무런 생각 없이 해오던 일을 하는 것은 아닐까? 이러고서는 안 된다.

무엇인가 매일 매일 지금까지 해오던 일을 반성하고 혁신의 생각을 하며 하나의 목적을 세우고 그 목적을 이루려고 노력해야 한다. 비록 그 혁신의 목적이 커다란 것이 아닐지라도 조금씩 좋은 방향으로 고치고 나아간다면 한 달이 되고 일 년이 되어 결국에는 큰일을 이루는 결과로 나타날 것이다.

그 목적이 뜻대로 잘 이루지 못하는 경우가 있을 것이다. 그러나 그에 좌절하지 말고 살아가다 보면 나의 인생의 보람을 낳게 될 것이다.

중국 고전 『대학』에 "일일신우일신(日日新又日新)"이라는 말이 있다. 오늘 하는 일은 어제보다 새롭게 나아지고 내일 하는 일은 오늘보다 더 나아지도록 노력해야 한다는 뜻의 말이다.

어쩌면 나는 이미 늦었는지 모른다. 이 신록의 계절에 눈앞에 펼쳐지는 지연의 변화처럼 우리 생활도 매일 매일을 날로 새로워지도록 노력하고 또 노력하자. 반드시 좋은 결과가 있으리라.

내 생애의 사명은 무엇일까

우리는 부모님의 자녀로서 한 나라의 국민으로서 한 사회의 성원으로서 귀한 자리를 차지하고 이 땅 이 시대에 태어났다. 이 땅에 태어났으니 내 나름의 독자적인 보람을 다해야 할 것이 아닌가?

덴마크의 실존주의 철학자 키에르케고르는 22세 때에 "온 세계가 무너진다 해도 꽉 붙들고 놓을 수 없는 이념, 그것을 위해서 살고 그것을 위해서 죽을 수 있는 사명을 나는 찾아야 한다." 고 일기에 적었다 한다.

흔들림이 없는 신념, 내 모든 시간과 정력을 다하여 죽더라도 후회하지 않을 사명이란 과연 무엇일까?

공자는 "천명을 모르면 군자가 될 수 없다.(不知命無以爲君子也)"고 하였다. 인간에게는 하늘이 준 사명이 있는데 한 가지는 도덕적인 사명이며 한 가지는 사람의 힘으로는 어쩔 수 없는 숙명이다. 이 하늘의 준 사명이나 숙명을 알지 못하면 훌륭한 사람이 될 수 없다는 뜻이다.

증자는 "선비로서 넓고 강한 식견과 의지를 가지고 인을 실천하기 위한 무거운 사명을 지고 먼 길을 간다. 인을 실천하는 일은 죽어야 끝나는 것이니 어찌 멀다 하지 않을 수 있으랴."(士不可以不弘毅任重而道遠, 死而後已不亦遠乎)하고 선비로서의 사명을 강한 의지로 인을 실천하는 것이라고 강조하였다.

우리는 매일 매일의 생활 속에서 내가 해야 할 사명이 무엇인지를 생각하게 된다. 한 가정의 가족의 일원으로서 혹은 한 집단이나 사회 구성의 일원으로서. 국가의 국민으로서의 사명을 생각할 수가 있다. 달리 말한다면 의무나 임무를 말한다. 이는 그때그때의 상황에 따라서 누구나 잘 대처하고 있을 것이다. 그러니 오늘날까지 잘 살 수가 있었다. 그러나 자기 인생의 사명은 무엇인지 깊이 생각하는 일은 드물 것이다.

내가 평생을 통하여 수행해야 할 사명을 깊이 생각하며 살아야 할 것이 아닌가.

거울 앞에서

누구나 하루 한 번은 거울을 보리라. 예쁜 여성은 자신의 얼굴 모습을 보거나 매무새를 다듬기보다 내 모습이 남에게 어떻게 보일 것인가 하고 거울을 본다. 거울은 지금의 내 모습을 보여준다. 그러나 매일 거울에 자신의 모습을 비추고 나는 잘 생겼다. 무엇이든지 해낼 수 있다. 나는 행복하다는 덕담을 주면서 최면을 거는 것이다. 그러노라면 거울 속에는 나의 고요히 정지해버린 과거를 되살릴 수가 있고, 바람직한 미래를 바라다볼 수가 있다.

젊어서는 손 살 같이 내달리는 오늘의 모습에만 급급하지만, 나이가 들면 들수록 그 속에는 지나간 날의 가지가지의 필름을 하나둘 내보여 준다.

어느 날 갑자기 거울에서 백발이 된 스스로를 본다면 나는 어떻게 될까. 희열에 넘치는 환희의 날들, 시련과 좌절을 이긴 강인함, 혹은 낯을 들 수 없는 부끄러움 등 수 없는 환영이 나타나게 될 것이다.

괴로웠던 추억일랑 버리고 아름다웠던 추억만을 되살려서 오늘을 즐겁게 지낼 수 있게 해야 하리라.

하루하루의 삶 속에서 불쑥 튀어나오는 세속의 명리와 판단 기준을 버리고 명경지수 같은 마음으로 내 영혼의 고요함 속에서 여생을 보람 있게 살아갈 뜻을 세워야 하리라.

자신을 되돌아보는 습관

우리는 무슨 일을 마치고 나면 그만 안심하고 완전히 손 놓아버리는 일이 많다.

지식을 익히기 위하여 학습한 내용을 재확인하여 확실히 이해되었는지를 확인해야 자기 것이 될 수 있다. 자기가 하는 일이 남에게 영향을 끼치는 결과를 낳게 하는 일을 할 경우에는 특히나 시행한 결과를 반드시 되돌아보아야 한다.

지난 2011년 7월 27일 발생한 서울 우면산 산사태에 대하여 산림청은 "서초구청 측에 산사태 경보 문자를 보냈다."고 하는데, 서초구청은 "문자를 받지 못했다."고 했다. 그 산림청이 서초구청에 보냈다는 '산사태 발생 위험 예보 정보' 휴대전화 문자메시지는 서초구 퇴직 공무원들에게 전달되었다는 사실이 밝혀졌다고 한다.

이 위험 정보를 받고서 어떤 조치를 취하여 재해를 막을 수 있었을 것인지는 모르나 통보를 한 산림청은 반드시 통보가 제 효과를 발휘할 수 있는 부서로 확실히 전달되었는지를 확인했어야 했다. 확인하여 제대로 시행할 부서에 전달되었다면 적절한 조치를 취하여 재난을 막거나 재해를 최소한으로 줄일 수도 있지 않았을까 하고 매우 아쉬운 생각을 금할 수가 없다.

우리는 자신이 취한 행동에 대하여 스스로 되돌아보는 습관을 지녀야 한다.

사람이 자기 자신을 되돌아본다는 것은 쉬운듯하면서도 매우 어려운 일이다.

증자는 매일 세 가지씩 자신을 되돌아보았다고 한다.

첫째로 내가 남을 위하여 일한다 하고서 진심을 잃지는 않았는가.

둘째로 벗과 사귈 때는 연령, 신분, 빈부, 재능, 혈연이나 연고의 유무 등을 문제시하지 아니하고, 오로지 인격적인 진실한 믿음으로 사귀어야 한다. 과연 나는 그 신의에 부족함이 없는가.

셋째는 나는 자기의 지식이나 경험을 자랑하기에 급급하여. 아직 확실히 익히고 체득되지 못한 것을 자신만만하게 남에게 아는 척하고 전하거나 가르치지 않았는가.

하고 되돌아보고 반성했다는 것이다.

우리는 흔히 자신은 자기 자신에 대해서는 잘 안다고 자부한다. 그러나 그것은 착각이다. 참으로 자기 자신을 잘 모르는 것이 자신이다. “남을 아는 것은 지(智)이고, 스스로를 아는 것은 명(明)이다.”라는 말이 있다. 곧 남을 아는 것은 지혜로운 자에 지나지 않으나 참으로 자기 스스로를 아는 사람은 총명한 사람이라는 말이다. 자기를 알기 위하여 스스로의 행동을 되돌아보고 반성하는 습관을 지녀야 한다.

새해 첫날 새벽에 드리는 기도

지금은 2012년 새해 첫날 새벽입니다. 창문을 열고 동녘 하늘에 총총히 반짝이는 별들을 쳐다봅니다. 나는 이 광대무변한 이 우주를 창조하시고 생명을 탄생시키며 그 운명을 좌우하는 정령이 나의 기도를 들으시고 소원을 이루어 주실 것으로 믿습니다.

모든 사람으로 하여금 가정으로 돌아와 한 가족의 일원으로서 살게 하소서. 가정은 인간의 원초적인 욕구를 원만히 해결할 수 있는 귀한 보금자리인데 우리 사회는 가정을 버리고 가족을 잊어버려서 노인을 학대하고 청소년이 문제를 일으키고 명랑한 사회의 기반을 흔들고 있다고 생각합니다.

어버이는 어버이로서 자식은 자식으로서의 제구실을 착실히 이

행할 수 있는 사회가 되도록 하여 주소서.

한 조직 속에서 100만 원의 월급을 받는 사람과 10억대의 연봉을 받는 사람이 있어서는 우리 사회가 건전하다고 할 수 없을 뿐 아니라 안전할 수가 없습니다.

가진 자, 윗자리에 있는 자들에게 그들 나름의 금도를 가지고 이웃을 돌아보는 마음이 일어나게 하소서. 그들로 하여금 조금만 멀리 나가면 아직도 추위에 떨고 있는 빈민가의 사람들을 그리고 이 추위에 노상에서 잠을 청하는 불쌍한 군상을 눈 밝혀볼 수 있게 하소서.

권력과 재력으로 부패의 그늘 속에서 법질서를 무너뜨리고 자기들만이 세계를 구축해서 즐기는 그들 마음속에 예의와 염치를 깨닫게 하소서.

미래를 꿈꾸는 어린 사람들에게 그 꿈을 이룰 수 있는 힘을 주시고 축복하여 주소서. 꿈이 있어서 미래는 밝고 반드시 이룰 수 있는 것이 꿈이라는 것을 알게 하시고 정열을 다하여 추구하게 하소서.

미래를 기약할 수 없다고 좌절 상태에 있는 수많은 청년 실업자들로 하여금 희망을 품을 수 있게 하소서.

가난은 나라가 구제할 수 없다고 하지만 일자리를 만드는 일은 나라가 할 수 있는 일이라 생각합니다. 수조 원의 이윤을 올리는 기업들로 하여금 적극적으로 일자리를 창출하게 하는 일은 나라가 할 수 있는 일이 되게 하소서.

풍요 속에 자기스스로를 이해하지 못하고 허황된 생각에 사로잡혀서 허공에서 행복을 추구하려는 생각을 지닌 이들로 하여금 그 허황된 생각을 버리고 자신의 현실을 깨닫게 하소서.

행복은 바로 내 곁에 있는 모든 사람을 사랑하고 특별한 관심을 기울일 수 있을 때 내 마음속에서만 얻을 수 있다는 것을 깨닫게 하소서.

덕은 외롭지 않다

"덕은 외롭지 않다. 반드시 이웃이 있다. [덕불고, 필유인(德不孤, 必有隣)]" 『논어』 이인편에 나오는 말이다. 덕이 있는 사람은 고립되는 일이 없다. 반드시 공명하는 자가 나타나게 마련이다. 라는 뜻의 말이다.

덕이란 무엇인가? "덕은 득이다.(德得也)"라 한다, 득은 획득하는 것으로 한 개인이 획득하여 몸에 지니고 있는 성질이 덕이다. 인간은 선한 것이므로 선을 향하여 노력해야 하는 인간의 현실에서 몸에 지니게 된 선한 것이다. 유덕한 사람이라고 하면 선함을 많이 가진 사람을 말하고 무덕하다고 하면 선함을 그다지 지니고 있지 않음을 말한다고 할 수 있다.

우리가 작심하고 착한 일을 하려고 남들이 하지 않는 일을 시작하면 그에 대하여 시기하고 질투하고 비방하거나 비하하거나 조소하는 사람이 있게 된다.

그러나 내가 하는 일이 공동선을 이루는 바람직한 일이라는 신념이 굳다면 그대로 실천하고 있노라면 그들이 오히려 동조하는 무리로 변하게 된다.

덕을 쌓는 일에는 반드시 이웃하는 친구, 동지가 생긴다. 이를 믿어서 공동선을 향한 굳은 신념을 관철해야 한다.

어느 팔순 노인의 한자 풀이

할아버지의 팔순을 기념하기 위하여 자손들 20여 명이 축하연을 베풀었다.

팔순을 맞는 노인은 자손들에게 이렇게 훌륭한 잔치를 베풀어주어서 고맙다는 인사를 하고서 레지를 시켜 4절지 종이와 사인펜을 가져오라 하고서 글자풀이를 하셨다.

세간에서는 여든 살을 한자로 팔십(八十)이니 그 글자 모양을 따서 우산 산(傘)자를 써서 산수(傘壽)라고도 한다고 말씀하시고 글자 풀이가 시작되었다.

우산 산(傘) 자에는 큰 글자의 사람인(人) 자가 있는데 이것은 오늘 팔순을 맞는 이 할아버지이고 그 글자 아래에 열 십(十) 자가 팔을 벌리고 곧게 서 있는데 이것은 할아버지가 서 있는 모습을 말한다. 그리고 열십 자(十) 사이에 작은 사람인(人) 자가 좌우에 각각 두 개씩 넉 자가 있다. 이것은 할아버지의 자손인 여러분들이다. 그러니 할아버지의 가슴안에 자손들이 있어서 할아버지는 굳세게 살아 팔십을 맞게 된 것이다. 만일 작은 사람인 자가 하나라도 밖으로 뛰쳐나간다면 글자가 이루어지지 않는다. 그처럼 여러분들이 할아버지의 가슴에서 떠나가 버린다면 할아버지는 팔십까지 살 수가 없었을 것이다.

그러니 오늘 팔순을 맞게 되는 것은 전적으로 여러분들의 공이라고 생각하고 기쁘고 마음이 뿌듯하다고 하셨다.

얼굴에 대한 단상

인간의 얼굴은 한 뿌리 나무의 줄기에 핀 꽃과도 같다. 굳은 봉오리도 있고, 막 피어나는 꽃도 있고, 다 핀 꽃도 있고, 지기 시작한 것도 있고, 열매가 된 것도 있다.
한 가지에 미추의 여러 가지 모양이 있는 것이다. 곧 인간은 원래는 한 조상의 후손일 터인데 오랜 세월을 거쳐 살아오는 동안에 사는 지역의 환경과 풍토에 따라 적응해 가면서 여러 갈래로 나누이고 여러 가지로 변한 것일 것이다.

둘레의 사람들의 얼굴을 보면 둥근 얼굴, 세모난 얼굴, 네모진 얼굴이 있고 크기도 여러 가지이며 얼굴 색깔도 여러 가지이며 눈의 생김새나 코의 크고 작음이라든지 높고 낮음 등 여러 가지이다. 모두가 똑같지 않다. 백인백색이다. 비록 같은 배에서 태어난 형제자매라 하여도 똑같지는 않다.

아무튼, 인종에 따라 얼굴 모양이 다른 것은 수긍이 간다.

인간은 어떤 사람의 능력을 평가할 때 본인이 말하고 행하는 것보다 그의 외적인 모습에 유의해서 평가하는 경향이 있다. 이런 점에서 얼굴은 매우 중요하다. 즉, 그의 행동이 어떠한가도 중요하겠지만, 그의 얼굴은 그의 가치에 커다란 영향을 주기 때문이다.

그런데 최근에 알려진 바로서는 얼굴을 보면 출생 후 유년 시절의 생활상과 또 미래 얼마나 살 수 있는지도 알 수 있다고 하니 믿기 어려운 느낌이 든다.

예를 들면 동안(童顔)을 가진 사람은 실제로 장수하고, 노안(老顔)은 실제로 단명할 가능성이 크다는 것이다.

덴마크의 크리스텐센 교수팀이 70세의 쌍둥이 1826쌍(3652명)의 사진을 찍어 의료 관계자 등 41명의 전문가에게 "몇 살로 보이느냐?"고 물어본 다음, 추적 조사를 한 결과, 둘 중 늙어 보이는 쪽이 실제 수명도 짧은 것으로 나타났다고 한다. 비슷한 유전자를 물려받은 쌍둥이라도 어떤 삶을 살아왔는지가 외모에 반영되고, 그 차이는 그대로 잔여 수명에 영향을 미친다는 것이다.

그리고 얼굴이 대칭을 이루고 있는지 어떤지에 따라 유년 시절의 생활상을 알 수 있다는 이야기이다.

영국 에든버러대 연구진은 83세의 노인 292명을 대상으로 각 얼굴이 얼마나 대칭적인지를 따져 본 결과, 그 사람의 유년 시절을 알아낼 수 있었다고 밝혔다.

연구진은 눈, 코, 입, 귀 등 15가지 얼굴 모습을 사용, 비대칭적인 모습의 얼굴 형태를 띤 성인들일수록 대칭적인 얼굴을 지닌 성인들보다 어린 시절에 경제적으로 불우했거나 매우 힘든 환경에서 자라난 것으로 조사됐다고 한다.

그런데 일본 준텐도대학 의학연구과 노화제어 전공 시라자와(白澤) 교수는 "수명을 결정하는 요인 가운데 유전자가 차지하는 비율은 25% 정도라는 것이 의학계에서 정설로 자리 잡고 있다."며 "나머지 75%는 금연, 절주(節酒), 식습관 개선 등 본인이 바꿀 수 있는 환경요인"이라고 말했다.

그는 "40세 무렵에 노안 축에 끼었다면, 그것은 부모의 책임이 아니라 자신의 책임이며 정신적, 육체적으로 젊게 살려는 노력이 중요하다."고 했다.

링컨은 "40세가 지난 사람은 그 얼굴에 책임을 져야 한다."고 했다고 한다.

생래의 얼굴에 만족하고 주어진 삶을 즐겁게 사는 것이 현명한 처사가 아닐까 싶다.

천진한 미소

상대가 누구이건 사람과 초대면을 하려면 약간의 긴장감이 생겨난다.

긴장감이 생기지 않는다면 상대를 얕보거나 아니면 내가 교양이 없거나 인사를 모르는 무뢰한이다.

초대면하는 사람이 미소를 짓고 있으면 갑자기 긴장이 풀린다.

이처럼 웃는 얼굴은 사람의 마음을 편안하게 해준다.

"웃는 낯에 침 뱉으랴."라는 속담처럼 웃는 얼굴을 싫어하는 사람은 드물 것이다.

그런데 세상에서 가장 좋은 웃음을 웃는 사람은 누구일까?

그것은 젖먹이아기일 것이다.

아기에게는 아무런 걱정거리가 없다. 싫은 것도 없고 쓰라린 일도 없다. 배만 부르면 좋다.

이 세상의 때를 타지 않아서 사람의 마음을 녹일 것 같은 웃음을 지을 수 있는 것이라 생각한다. 글자 그대로 천진난만(天眞爛漫)이다.

그런데 세상을 살다 보면 오욕칠정에 휘둘려서 괴로운 일, 쓰라린 일, 싫은 일, 역겨운 일, 하고 싶은 일들, 가지고 싶은 것들 때문에 마음이 언제나 즐거울 수만은 없고 그래서 천진한 웃음을 웃을 수 없다.

그러기에 어쩌다 웃는 얼굴을 만나면 마음이 편안해지는 것일 것이다.

나도 젖먹이아기일 때에는 그렇게도 천진하게 웃었을 터인데 지금은 그렇지 못하니 안타까울 따름이다.

젖먹이아기처럼 웃을 수 있는 사람은 얼마나 되겠는가.

젖먹이아기가 되어서 이 세상의 걱정 괴로움 다 떨쳐버리고 항상 미소 지을 수 있는 삶을 살고 싶다.

"웃으면 복이 온다."고 하는데 "한 번 웃으면 한 번 젊어진다."고도 하는데 웃으며 살자.

세월 속에 묻혀가는 부질없는 생각

공자님이 강 언덕에 서서 말씀하시기를 "지나가는 것은 이와 같구나 밤낮을 가리지 않고 흘러가는구나."(逝者如斯夫인저 不舍晝夜로다.)하고 늙음을 개탄하였다 한다.

현존하는 모든 것은 이렇게 물 흐르듯이 변한다. 석가는 "제행무상(諸行無常)"이라 했고, 그리스의 헤라클레이토스는 "만물은 유전한다."고 하여 어제의 것은 오늘 그대로 있지 않음을 말하였다. 이렇듯 공자님도 강가에 서서 과거를 돌이켜보며 늙음을 개탄하셨으리라.

공자님보다도 한참 더 나이를 먹어 덤으로 사는 이 나이에 지나간 일을 후회하고 아쉬워하여 심오하게 생각하며 살아야 하는지 궁금하다. 그야말로 되는대로 살고 싶다. 이것이 자유라는 것이 아닐까.

그런데 나는 늘 자유롭지 못하다. 무엇인가를 해야 직성이 놓이는 성미라서 말이다.

벌써 7년여 전에는 '온고창신'이라는 홈페이지를 개설 운영하였었는데 서버의 서비스가 끊기면서 그만두고, 3년 남짓 전부터는 블로그를 운영하면서 매일 적어도 한 편 정도라도 좋은 내용의 글을 실어야 하리라 하여 시작한 것이 요즘에는 강박 관념이 되어서 도저히 자유롭지가 못하다. 젊은이의 지적 호기심에 부응할 수 있는 무슨 일을 해야 한다는 생각이 늘 나를 붙잡고 있다.

이러는 생활이 정신과 육신의 건강에 좋다고들 하는데 일부 그런 말을 긍정하고 싶어지기도 하여 이 일을 계속하려고 단단히 마음먹고 있다.

게다가 나는 철학자가 아니지만 나 아닌 우주 그 우주 뒤에 있을 존재에 대한 생각이 뇌리를 늘 감돌고 있다.

> 나의 존재는 무엇인가.
> 나는 지금 어디에 있는가.
> 나는 무엇을 해야 하며 할 수 있는가.

하는 것들이 뇌리를 벗어나지 않는다. 피안의 세계가 가까워진 것이 아닐까.

그래서 젊은 시절에 세례를 받고 입신했던 기독교로 귀의하기로 하여 일요일마다 열심히 교회에 나아가서 기도하고 예배를 드리고 있다.

신앙과 실제와의 갈등을 얼마나 거쳐야 할 것인지, 나에게는 벗지 못하는 구습과 전통의 관념이 가득하다. 새사람이 되려고 노력하련다.

세월은 자꾸 가기만 하는데 정말 부질없는 생각이 아닐까.

감추어진 격랑, 담담한 표정

사람은 기뻐할 때 슬퍼할 때 두려워할 때에 따라 감정이 변하고 감정을 나타내는 표정이 얼굴에 나타난다. 자신이 당하는 상황에 따라 감정이 달라지고 표정이 달라지는 것은 인지상정일 것이다.

표정은 각자의 생활 속에서 새겨진 모자이크이다.

가냘픈 미소에 벌어진 입이 귀에 걸린 기쁜 표정, 백지장처럼 하얗게 변한 창백한 얼굴의 성난 표정, 파랗게 질린 슬픈 표정, 입이 딱 벌어지고 함박꽃처럼 웃는 즐거운 표정 등등 희로애락애오욕(喜怒哀樂愛惡慾)의 표정을 한평생 모으면 하나의 현란한 모자이크 작품을 이룰 것이다.

생활 속에서 당하는 상황에 따라 자연스레 지어지는 표정은 백인백색일 것이다.

그런데 어려운 환경에서 암울한 속에 슬픔과 괴로움을 당하면서도 항상 담담한 표정을 짓는 사람이 있다. 매우 이성적이라서 합리적으로 생각하여 사리에 밝고 일에 대처할 때마다 신중하며 공평하여 낙심하는 사람을 격려하고 배려하여 일을 잘 처리하여서 주위 사람들의 신뢰를 받는다. 내가 부러워하고 두려워하는 사람이다.

어쩌면 저렇게도 항상 담담한 표정을 지닐 수 있을까. 아마도 이런 사람은 태어나면서부터 담담한 표정을 타고난 사람일 것이다. 그런데 사실이 그런 것이라면 슬플 때는 슬픈 표정을 짓는 것이 자연일 것이다. 그러나 슬픈 일을 당하여도 슬픈 감정을 안으로 삭이고 있는지 겉으로는 슬픈 표정을 나타내지 않는다. 수련이 깊은 수도자의 모습이다. 그래서 부럽기도 하면서 두렵기도 하다.

어떤 일을 당하여도 너무나 담담하고 차분하기 때문에 걱정 같은 것은 없는 사람으로 보인다.

그러나 그것은 틀린 생각이다.

걱정이 없는 것이 아니라 너무나 깊은 고뇌를 겪었기 때문에 두드러지게 표정을 밖으로 나타내지 않고 처신하는 것일 것이다. 원래 고민해 보지 않은 사람은 자제력이 없어서 표정이 변화가 격하고 따라서 상대의 기분을 헤아리지 못한다. 그리고 의지할 상대가 못 된다.

자기 자신도 괴롭거나 슬픈 일이 있어서만이 낙심하는 사람을 격려할 수 있다. 철은 두드려야 더욱 강해진다. 마음도 괴롭거나 슬픈 일을 겪음으로써 강해지는 것이다. 자신의 한도를 넘기면 깨져버리지만 적당한 스트레스는 마음에도 필요하다고 생각한다.

어쩌면 괴로움 속에서도 표정이 담담해질 수 있는가?

이전에 자신이 경험한 괴로움에 비하면 현상은 대단한 것이 아니라고 생각하기 때문이다. 더욱 괴로움을 극복하고 마음의 암울함을 제어할 수 있다면 평상시의 마음도 제어할 수가 있다.

마음을 제어할 수 있다는 것은 자기 표정을 마음대로 조종할 수 있다는 말이다.

누구나 두드러지게 밝은 표정을 짓는 사람을 좋아한다. 그러나 괴로움이 얽힌 격랑이 되어 마음속 깊이 감추고 보니 언제나 밝은 표정을 지으려는 노력이 간신히 담담하게 나타나는 것일 것이다. 그러니 다른 사람들이 보기에는 항상 표정이 담담한 사람으로 보이는 것일 것이다.

파스칼은 "마음을 평화롭게 가져라. 그러면 그대의 표정도 평화롭고 자애로워질 것이다."라고 하였고 심신 의료 분야에서 세계적 리더인 디파크 초프라(Dr. Deepak Chopra)박사는 최근의 저서 『슈퍼브레인(SUPER BRAIN)』에서 "만성병은 의식이 만들어내고 있다. 분노나 원한이나 미움 등의 감정을 가지면 그것이 나쁜 유전자를 활발하게 해서 암이나 심장병의 원인이 되는 염증을 일으킨다. 한편 기쁨이나 사랑, 남의 성공을 기뻐하는 등의 감정을 가지면 좋은 유전자가 활발해져서 신체의 병은 걸리기 어려워진다. 그래서 육체적 연령이 젊어진다."고도 하였다.

암울한 경험이나 고통을 극복하여 기쁨이나 사랑의 감정만을 가지려 노력한다면 긍정적으로 자기 마음을 제어할 수 있고 어둡고 괴로운 표정보다는 적어도 담담한 표정은 지닐 수가 있지 않겠는가. 과연 이런 사람은 누구일까. 수도자이거나 우리들의 어머니가 아닐까.

전란과 폭동 속에 밀려드는 가난과 혈육을 잃는 가족과의 사별 등 고난과 암울한 나날을 외로이 보냈으련만 어머니에게서 희열에 찬 기쁨의 표정은 아니지만 암울한 표정을 나는 기억하지 못한다. 어머니는 자존과 상대에 대한 배려와 마음속 심연에 괴로움을 묻어두고 자애로움만으로 스스로를 수련한 수도자였다고 생각한다.

어머니처럼 자애로운 마음으로 항상 기뻐하고 사랑하는 마음의 훈련을 쌓아야 하리라 생각해 본다.

영혼의 향수

나는 일본 오사카에서 태어났는데 어려서 매우 몸이 허약했던 모양이다. 어머니가 하시던 말씀을 들어보면 돌이 되기 전에는 경기(경끼)를 자주 일으켜서 오케물통(桶=나무 물통)에 담그기도 하였다 한다. 돌이 지나서야 겨우 건강해지기 시작하였다는 것이다.

어려서 감기라도 들면 어머니는 심방(무당)을 불러서 빌곤 하셨다. 그러는 것이 매우 싫어서 나는 심술로 부화시키려는 알을 품은 닭의 둥지를 흔들어버리곤 하기도 하였다.

내가 초등학교 3학년 때에 아버지는 병을 앓아서 오사카에서 귀향하셨다. 당신이 건강하시지 않으니까 매일 쌀 한 사발에 정화수 한 그릇을 떠올리고 향을 피우면서 경을 읽으셨다. "불설명당신주경 안토지신명당경 여시아문일시불…(佛說明堂神呪經 安土地神明

堂經 如是我聞一時佛…" 그러나 그 기도가 영험이 있었는지는 알 수가 없다. 별로 건강이 나아지지는 않으셨다. 이런 일들이 내가 어렸을 때의 종교적인 행사와의 만남이었다.

내가 처음으로 기독교와 접하게 된 것은 1951년 중학교 3학년 때이다.

당시 6 · 25전쟁으로 피난민이 대거 제주도로 이주하여 천막 교회가 무수히 생겨나던 때이다. 지금은 기상청제주측후소가 있지만, 당시에는 일제강점기 때 일본신사가 있던 자리에 천막을 치고 교인들이 모였었다. 어느 날 일요일 밤에 나는 이곳을 찾았다.

그 교회는 감리교회로서 그때 설교를 하신 분은 고학환(高學煥) 전도사였다.

지금 주제는 정확하게 기억할 수 없으나 "인간의 종교심은 영혼의 향수다."라 하신 말씀에 감동을 받아서 교회를 자주 찾게 되었으나 계속하지는 못하였다.

우연히 나는 20대 초 1955년도에 두 번째로 기독교와 회우하는 기회를 가지게 되었다.

개척지를 찾아다니는 한국기독교장로회의 한 전도사를 만나서 우리 고장에 교회를 인도하게 되었다.

마을 이장의 호의로 마을 공회당을 수리하여 예배당으로 쓰게 되었고 청소년들이 많이 출석하였다. 보수적이고 완고한 시골에 교회의 종이 울리고 찬송가가 들리어 계몽과 교화의 움직임이 생동하게 되었다. 나는 세례를 받고 집사로서 교회에 봉사하였다. 그러나 이에 참가하는 청소년들이 신심으로 이어지지는 못하였고 나 자신도 군에 입대하고 제대 후에는 멀리 고향을 떠나 직장을 전전하는 과정에 교회활동은 침체되어 결국에는 7년 정도를 견디지 못하여 철수하고 말았다. 젊은 청소년들에게 신심이 깊어지지 않은 이유 중에 가장 큰 것은 기독교는 우상을 섬기지 않으니 자연 고례의 조상에 대한 제사를 모시지 못하게 된다는 계율 때문이다.

생각해보면 옛날 농경 문화시대에는 집성촌을 이루고 유교에서 유래하는 제례를 통하여 조상신을 숭상하는 종교처럼 대하고 생활해 온 것이 사실이다. 조상을 숭상하며 온 친족이 모여 제사를 올리던 시대에는 반드시 제례의 고례를 잘 따라야 하였다. 제례를 통하여 예의범절을 익히고 친족의 유대를 굳건히 하며 가족의 친목과 단결을 도모하였다. 그런데 산업사회를 거치면서 가족이 각 지방으로 흩어져 살게 되어서 제사를 모실 때 반드시 제관으로서 초헌관 아헌관 종헌관의 세 사람이 있어야 하는데 이 삼헌이 될 제관인 자손이 모여지지 않은 경우가 흔해졌다.

공자님은 "제사는 귀신이 있는 것처럼 하고, 내가 참사하지 못하면 제사를 모시지 않은 것과 같다."(祭神如神在,吾不與祭如不祭)

(팔일)고 말하였다.

한편 과연 조상신을 잘 모시고 섬기면 구원을 받을 수 있는 것일까? 하는 질문이 있다면 그에 대해서는 반드시 긍정적인 답을 내릴 수 없을 것이다.

나는 아버지가 돌아가신 후 열다섯 살 때부터 초헌관 제주가 되어서 60여 년을 제사를 모셔왔다. 종가가 부산으로 이사를 하고 나서는 윗대 조상에 대한 제사에는 참사하지 못하여서 50여 년이 된다. 그러고서도 자손이라 할 수 있을 것인가 하는 비난을 받아도 할 수가 없다. 그야말로 불효막심한 자손이다. 그러나 우리 조상님의 영혼이 깨어나신다 하여도 이 시대의 흐름에는 어쩔 수 없다고 수긍하시리라. 전래의 조상숭배의 깊은 관념과 현실의 괴리 속에서 고민하였다.

그러나 한때 아들, 딸들이 독립하기 전에는 적어도 삼헌을 갖추어 제사를 모실 수가 있었고 특히 50대가 되면서는 어머니가 일부러 지어주신 도포를 입고 제사를 모시곤 하였었다. 그리고 다음 세대에 제례에 대한 이해를 돕기 위하여『가례초해(家禮抄解)』를 바탕으로 현대에 맞도록 문중의 안을 만들어『가례전범』이라는 작은 책을 만들어 문중에 배포하여 우리 집안 만의 안을 제시하기도 하였었다.

지금은 서울. 일본으로 자식들이 흩어져 있으니 그들이 참사할 수가 없다. 기어이 참사시키는 것은 도저히 불가능한 일이며 그것을 고집할 이유가 없다고 생각하게 되었다. 유교의 가르침에 따른 신종추원(愼終追遠)에서 유래하는 제사의 근본정신을 구현할 수 있는 환경과 시대가 바뀌었다. 조상을 추원하는 방법이 반드시 유교식이라야 한다는 고정관념에서 벗어날 수가 있게 되었다.

참으로 "인간의 종교심은 영혼의 향수이다."라고 생각할 때 참으로 믿고 섬겨야 할 종교는 기독교라고 생각하게 되었다.

나 자신 30대에 고향을 떠나고 직장을 옮기고 일본으로 서울로 새로운 세계와 새로운 사람들을 접하게 되면서 기독교에 대해서는 까마득히 잊어버리고 있었는데 내 나이가 더 많아지면서 구원에 대한 갈구심이 또다시 교회를 찾게 하였다.

세 번째 기독교와 만나서 어느 한쪽을 택할 것인가 고민도 많이 했지만 이제 유교적 관념에서 탈출하여 사랑의 종교 기독교에 귀의 안착하게 되었다. 영혼의 향수를 견디지 못한 것이리라.

성경에 말하기를 "여호와 하나님이 땅의 흙으로 사람을 지으시고 생기를 그 코에 불어넣으시니 사람의 생령이 되니라."(창세기 2 ; 7)라 하였고, "이 사람들은 다 믿음을 따라 죽었으며 약속을 받지 못하였으되 그것을 멀리서 보고 환영하며 또 땅에서는 외국인과 나그네임을 증언하였으니 그들이 이같이 말하는 것은 자기들의 본향

찾는 자임을 나타냄이라. 그들이 나온바 본향을 생각하였더라면 돌아갈 기회가 있었으려니와 그들이 이제는 더 나은 본향을 사모하니 곧 하늘에 있는 것이라."(히브리서 11 ; 13~16)

이제 나그네 신세인 이 땅에서 영혼의 본향을 찾아가려는 마음의 발동이라 생각한다.

이로써 전지전능하여 우주를 창조하시고 인간의 생사 화복을 주관하시는 신(하나님)을 믿을 수 있게 되었고 이를 깨닫게 이끌어주신 예수를 믿게 되었다. 온 누리가 잠자는 고요한 시간 또는 새벽에 명상하면 성령이 나타나리라 믿는다. 예배당에 가면 성령의 세례를 받을 수 있을 것으로 믿는다. 성경에 말하기를 "믿음은 바라는 것들의 실상이요 보이지 못하는 것들의 증거니."(히브리서 11;1)하였고 또 "항상 기뻐하라. 쉬지 말고 기도하라. 범사에 감사하라 이것이 그리스도 예수 안에서 너희를 향하신 하나님의 뜻이니라."(데살로가니 전서 5 ; 16~18)라 하였으니 기뻐하고 기도하고 감사하는 생활을 실천함으로써 하나님의 뜻을 좇으면 반드시 구원이 내게 이르리라 믿는다.

2부

사회참여 社會參與

모든 권력은 국민으로부터 나온다
나라는 부한데 백성이 가난해진다면
나라 사랑하는 마음
손정의의 통 큰 기부
가정으로 돌아오라
풍요 속의 절제
전통을 숭상하는 사회로
가정에서 쫓겨나는 노인들
인간관계의 기본을 다지자
백년해로하시기를
누구나 당할 일인데
돈은 도는 것이라 하는데
사람 값어치
요즘 흔해진 이상한 표현
'웰다잉' 단상
천지, 지지, 아지, 여지
탐욕이 판치는 세상

모든 권력은 국민으로부터 나온다

우리나라 헌법에는 "모든 권력은 국민으로부터 나온다."고 규정하고 있다. 국민이 권력을 생성하려면 신성한 선거의 투표를 행사해야 한다.

선거는 민주주의의 꽃이다. 선거를 잘함으로써 민주주의의 아름답고 바람직한 열매를 맺게 할 수가 있다.

우리나라가 세계에 국격을 높이고 국민 생활의 안정을 기할 수 있게 하는 길은 선거를 통하여 나라의 일꾼을 바로 뽑는 데에 있다.

바야흐로 우리가 권력을 행사해야 할 19대 국회의원 선거일이 3일 안으로 다가왔다.

지난 18대 국회의원 선거(2008년 4월 9일)에는 투표율이 46.1%

였다.

무엇이라 변명을 하겠지만 53.9% 곧 국민의 절반 이상은 나라가 어찌 되었건 무관하다는 생각을 가진 것이라 생각된다.

이렇게 나라의 정치에 무관심한 국민이 절반이 넘으니 국회는 폭력이 난무하고 당리당략에만 이끌리어 국가의 진로를 혼란스럽게 하는 국회, 세계에 국가의 치부만 드러내는 국회가 되어버린 것이 아닌가?

우리 국민은 정부가 하는 일 정치가들이 하는 일에 눈을 밝히고 강력히 비판해야 할 터인데 방관자가 이리 많아서야 어찌 나라가 잘되겠는가.

투표하는 것은 국민으로서의 살 권리를 의미하며 정치적으로 살아있음을 의미한다고 본다. 투표를 하나마나 하고 망설이지 말고 살고자 하면 꼭 투표해야 한다.

투표하지 않은 자는 제 나름의 이유가 있겠지만 우리는 국가 경영에 참여할 좋은 기회를 만났으니 망설이지 말고 소신을 가지고 적극적으로 투표에 참가하여 뜻을 밝혀야 할 것이다. 적어도 70% 이상의 투표로 구성되는 19대 국회가 되기 바란다.

문득 이런 우화가 생각난다.

한 마리의 배가 고픈 당나귀가 있었다. 당나귀는 다행히도 건초가 있는 산을 발견하였다. 어쩌다가 그는 동시에 왼쪽과 오른쪽에 두 개의 건초가 있는 산을 발견하였다. 그 산은 똑같아 보였다. 그래서 당나귀는 어느 쪽 산의 건초를 먹을까 하고 망설였다. 그러다가 오른쪽 산에 있는 건초를 먹으려고 오른쪽으로 2, 3보 걸어가 보았다. 그런데 왼쪽 산의 건초가 맛이 더 좋을 것 같았다. 그래서 왼쪽으로 가자 이번에는 오른쪽 산의 건초가 맛이 좋을 것 같았다. 그러다가 이튿날 아침에는 당나귀는 두 개의 건초가 있는 산 중간에서 굶어 죽어버렸다.

좋은 먹이를 앞에 두고 굶주려 죽은 당나귀 같은 신세는 되지 말아야 하지 않겠는가.

2012. 4. 8

나라는 부해지는데 백성이 가난해진다면

유류 값이 날마다 오르고 있어서 서민들의 고통이 이만저만이 아니다.

이미 자동차 휘발유는 1리터당 2천 원에 이르고 있다. 휘발유를 비롯한 유류가 연일 올라 서민이 곤란을 당하고 있음을 간파하여 정부는 유류 가격을 인하하는 조치를 한다고 발표했었다. 그런 보도가 있은 후 1리터당 1945원 하던 것이 1845원으로 내리더니 3일 후에 다시 들렀더니 본래대로 1945원을 받았다.

이유는 당초에 공급받은 가격으로 판매하고 재고가 다하면 다시 인하된 공급 가격에 따라 100원 정도 내리게 될 것이라 한다.

한편 정부는 유류 가격을 조절하기 위하여 유류세를 인하할 것이라고 하더니 지금은 유류세 인하에 대하여 검토하고 있지 않다는 보도가 있었다.

기업이 정부의 권유를 받아들이지 않는다면 정부가 할 수 있는 유류세를 인하해서라도 가격 상승을 억제해주어야 할 것이 아닌가. 보도에 의하면 지난해에는 유류세가 9천억 원 정도 초과 징수되었다고도 한다.

정부가 계획한 세수가 부족하면 나라 살림이 어려울 것이다. 그러나 모든 물가가 오르는 판에 유류마저 이 기세로 오른다면 서민의 살림은 더 어려워질 수밖에 없다.

『논어』에는 노나라 애공(哀公)이 흉작으로 세수가 감소될 것을 걱정하여 유자(有子)에게 세금에 대하여 물었다 한다.

노나라 애공(哀公)이 유자에게 말하기를

"금년은 흉작이라서 세수가 모자라다. 어떻게 하면 좋겠는가?"

유자가 말하기를

"세금을 1할로 내리면 어떻겠습니까?"

하고 말하자

애공은

"2할을 받아도 부족하다는데 1할로 내리면 어찌 되겠는가?"

이에 유자가 말하기를

"백성이 넉넉하다면 어찌 임금님이 가난하다고 할 것입니까? 백성이 가난하다면 어찌 임금님이 넉넉해지겠습니까?"(百姓足,君孰與不足,百姓不足,君孰與足) 하고 답하였다 한다. 백성의 부담 능력을 고려하여 세금을 징수해야 한다는 뜻이리라.

정부가 유류세를 인하하여 국민의 부담을 덜어주는 것은 간접적인 복지를 베푸는 효과가 있는 일이 아닌가?

국가나 기업은 부해지는데 국민이 가난해진다면 과연 바람직한 국가라 할 수 있겠는가?

2011. 5. 2

나라 사랑하는 마음

최근 극동 아시아의 정세가 미묘하게 흐르고 있다. 중국은 일본이 실효지배하고 있다는 댜오위다오 섬(일본명/센카쿠제도)에 대한 소유권 주장을 강력히 펼치고 있고 양국이 다투어 지지 않을세라 하고 그 해역에 순시선을 파견하는 등 형세가 매우 험악하였다. 마침내 중국은 그들의 패권주의의 위세를 떨치는 양하여 서해에 항공모함 '랴오닝호'를 띄웠고 유엔총회에서는 양국 간에 주장하고 반론을 펴곤 하여 언쟁이 벌어졌다고도 한다.

한편 일본은 우리나라에 대해서 독도 문제를 국제재판소에 제소한다고 하고 제공권을 제압하기 위하여 동해 연안으로 항공기를 증강하여 그들의 팽창주의 의도를 드러내고 있다.

마치 제국주의의 망령이 되살아나는 듯한 느낌으로 소름이 끼쳐지는 요즘이다.

이런 가운데 핵을 포기하지 않는 북한이 은연중에 핵으로 우리를 위협하고 있음에 더욱 긴장이 끈을 늦출 수 없는 상황으로 몰아가고 있다.

마침 국내에서는 국적불명의 국회의원이 국회에 등장하고 대선주자들은 표를 얻기 위하여 분망하다.

나라 안팎으로 어려운 시절을 맞고 있다. 정치 지도자들은 각기 제 나름의 주장을 하고 있지만, 국민 된 우리는 이제 "우리는 참으로 나라를 사랑하고 있는가?"하고 재확인해 보아야 할 때라고 생각한다. '나라를 사랑한다. 곧 애국심'이라 하면 진부한 것인 듯하지만 우리는 어떤 국민으로서 어떤 나라에 충성을 바치며 사랑해야 할 것인가를 따져보아야 할 때라고 생각한다.

경제적인 부유 속에 나라를 잊고 너무나 개인 이기주의나 당리당략에 빠져서 나라의 기본이 흔들리고 있음을 방심하고 있지 않은가?

정치가들이 진정한 국가의 이익이나 애국심이 아니고 인기 영합주의에 현혹되어서 제정신을 잃게 되지나 않을까 염려되는 요즘이다. 참으로 우리나라가 어디로 가야 할 것인지를 심각하게 고민하는 국민이기를 바라는 마음 간절하다.

2012. 10. 17

손정의의 통 큰 기부

손정의(孫正義)는 우리 재일동포 2세이며 일본을 대표하는 실업가의 한 사람이며 '소프트뱅크 그룹' 창업자이다.

그는 1957년 8월 11일 일본 사가현도수시(佐賀縣鳥栖市)에서 재일동포 1세인 손삼헌(孫三憲)의 아들로 태났다. 1974년 고등학교를 중퇴하고 16세로 미국에 건너가서 1980년 캘리포니아대학 버클리교를 졸업하였다. 전공은 경제학이었다.

대학재학 중 다국어 번역기를 개발하고 '유니온 월드'라는 기업을 설립 경영하다가 1980년 일본으로 돌아와서 '일본 소프트뱅크'를 설립하였다.

1990년에 회사 이름에서 '일본'이라는 글자를 빼고 '소프트뱅크(SOFTBANK CORP)'라 개명하고 전 세계를 향한 사업으로 확장하였다. 마침내 일본 제1의 거부가 되었다.

그는 '인생 50년의 계획'을 세웠는데 곧 "20대에는 이름을 내고, 30대에는 자금을 최저 1천억 엔을 저축하고, 40대에는 한판 승부를 벌리고, 50대에는 사업을 완성시키고, 60대에는 사업을 후계자에게 물려준다."는 것이라 한다.

손정의(孫正義)는 2011년 4월 3일 동일본대지진재해의 피해자 지원과 복구자금으로 개인으로 100억 엔을 기부한다고 발표했다. (산케이신문 2011. 4. 3) 또 2011년부터 은퇴하기까지의 소프트뱅크 대표로서 받는 보수의 전액도 지진재해로 양친을 잃은 고아를 지원하는 데에 기부한다고 발표했다.(마이니치신문 2011. 4. 3)

2011년 3월 22일에는 손정의가 후쿠시마의 피난소를 방문하여 피해자 수만 명에게 휴대전화를 무상대여하기로 하고 지진재해 고아를 대상으로 18세까지 통신료를 완전히 무료화한다고 표명하였다.

2011년 5월 16일 기부금을 다음 내역과 같이 배분한다고 발표하였다.(요미우리신문 2011. 5. 16). 내역은 일본적십자사, 중앙공동모금회, 이와테현. 미야기현, 후쿠시마현에 각 10억 엔과 일본유니셉협회 등 '지진재해 유아에 대한 지원을 하는 공익 법인'에 6억 엔, 이바라기현, 지바현에 각 2억 엔. 그리고 40억 엔은 손정의와 자치단체가 공동으로 설립하여 손정의가 회장으로 일할 동일본대진재

부흥지원재단에 기탁한다고 했다.

2011년 6월 11일까지 재단 분을 제외한 60억 엔의 기부가 각각 행해졌다.

2011년 7월 14일에 동일본대진재부흥지원재단에 나머지 40억 엔을 넘겼다.

그래서 전 100억 엔 분의 기부를 완료하였다. 이 기부금은 10년 이상 지원이 가능하도록 피해지의 아이들을 중심으로 하는 지원에만 100% 쓰일 것이라 한다.

2011년 4월 3일에 발표하여 3개월 사이에 100억 엔 전액 기부행위를 마쳤다고 한다.

엔화 100억 엔이라면 우리 원화로 치면 1500억 원 정도의 거금이다. 기부금액의 크기로도 놀랄 만하지만, 말로만 하고 질질 시간을 끌지 않고 3개월 안에 기부를 모두 마쳤다고 하니 그 결단과 자금동원 능력의 탁월함에 또 한 번 놀라고, 적어도 10년이라는 장기간 효력을 발생하게 하여 소기의 목적을 달성해야 한다는 집착에 또 한 번 놀란다.

우리나라에서도 최근에 통 크게 기부한다는 보도는 있었지만, 과연 그것이 시행되어 필요한 곳에 도달했는지 잘 모르겠다.

기부 또는 희사란 어떤 목적을 위하여 돈이나 물자를 내놓는 것을 말한다. 특히 희사(喜捨)란 기꺼이 버린다는 뜻이 있다.

그런데 기부자가 자금을 내고 재단을 설립하여 그 운영에 참여하는 따위는 희사라 할 수 없지 않은가 하는 생각이 든다. 분명한 목적을 위하여 필요한 곳에 그 자금이 도달하여 그 목적한 바가 실현되게 해야 한다고 생각한다.

우리나라에서 근래에 행해지고 있는 거액의 기부행위에 대한 보도는 있었지만 어째서 그 후의 소식을 알려주는 보도는 없는 것일까. 궁금하다.

2011. 12. 26

가정으로 돌아오라

506세대 1287명(남 658명 여 629명)이 사는 한 마을이 있다. 이 마을에서 20대에서 40대 초까지의 남성들 중에 결혼하지 못한 미혼 남성이 95명이나 된다.

농촌 청년이 결혼하지 못하고 있다는 것은 어제오늘의 일은 아니다. 그래서 외국에서 신부를 맞아들이는 일이 많아지고 드디어 15만 세대의 소위 다문화 가정이 이루어지고 있다고 한다. 그 원인 중 가장 중요한 것은 결혼 적령기의 여성이 농촌 남성과의 결혼을 기피하기 때문이다. 이 상태가 계속된다면 미구에 조상 대대로 이어온 이 농촌 마을은 폐동이 되고 말 것이다. 끔찍한 일이다.

내가 1979년에 일본 파견근무를 마치고 서울에서 살기 위하여 왔을 때는 현 고속버스 터미널은 천막을 쳐서 운영되고 있었다. 그 후 1980년대 후반에서 1990년대에 이르러 서울의 면모도 크게 달라지고 지방 도시의 면모도 차차 많이 달라졌다.

한마디로 말하자면 1990년대에 들어서 잘살게 되었구나 하는 느낌이 피부로 감촉하게 되지 않았는가 한다.

도시 환경이 좋아지고 물질적인 풍요가 이루어지는 반면에 결혼 적령기의 젊은이들이 결혼하지 못하는 불행한 일이 벌어지고 있다.

2008년도 통계청의 결혼 적령기 남녀성비 추이에 따르면 남성이 197만 명인데 대하여 여성은 190만으로 여성이 7만 명이 적다고 하고, 20~30대 여성 중에 결혼해야 한다고 생각하는 사람은 52%이고 결혼할 필요가 없다고 생각하는 사람은 48%라 한다. 이런 상황이니 농촌 청년과 결혼하여 농촌에서 살겠다는 여성이 있을 수가 없다. 더 중요한 문제는 짝을 지어야 할 절대수가 부족한 데다가 48%에 해당하는 결혼 적령기의 여성이 결혼할 의사가 없는 것이 근본적인 문제가 아닌가 한다.

인간은 누구나 행복을 추구하여 살아간다. 물질적인 풍요를 만끽하고 편하고 자유로움만으로 행복을 추구할 수는 없다.

인간은 생물종으로서 원래 가정적 존재이다. 인간은 부부로 이루어진 가정에서 태어나게 되고 그 부모에 의하여 보육되지 않으면 안 된다. 인간은 가족집단에서 태어나지 않으면 생명을 유지할 수가 없다.

인류가 탄생하여 오랜 기간의 진화 과정에서도 인간은 어떠한 형태로든지 남자와 여자가 협력하여 가정을 이루고 번성하며 진화해 왔다.

그런데 살기가 좋아졌는데 오히려 가정을 떠나 혼자의 개인적 이기주의에 빠져서 결혼을 거부하는 것은 결국 종족의 멸망을 자초하는 결과를 낳을 뿐 아니라 종생 그가 스스로 느끼는 행복은 추구할 수가 없다고 본다.

한 개인이 가정에서 태어나 보육되고 성장함으로써 독립된 개인이 된다는 것을 생각하여 가정을 이루어 아이를 낳고 가족들을 돌보며 그 속에서 행복을 추구하려는 생각으로 전환될 수는 없을 것인가?

2011. 4. 18

풍요 속의 절제

요즘 우리는 풍요를 누리는 시대에 살고 있다.

적어도 20년 전만 해도 우리나라가 잘 사는 나라라고 생각되지는 않았었다.

그런데 최근에 우리나라는 세계 13위권 안에 드는 나라로서 실제로 우리는 풍요로운 생활을 하고 있는 셈이다.

살림이 어렵고 가난했던 옛날에는 부족한 가운데에서도 남을 배려하는 인정이 있었고 삶의 여유로움이 있었고 절약과 저축이 생활에서 강조되었다.

사마천(司馬遷)의 『사기화식전(史記貨殖傳)』에는 "곡식 창고가 차면 예절을 알고, 의식이 족하면 영욕을 안다.(倉廩實則知禮節, 衣食足而知榮辱.)"고 하였는데….

오늘날은 살기가 좋아졌는데도 예절을 알고 영욕을 알기는커녕 엄청난 엽기적인 살인 사건, 패륜적인 살인 사건이 잊을 만하면 언론에 보도되곤 한다. 그리고 사기와 부정부패로 치욕의 구렁으로 떨어지는 인사들을 자주 보고 있다.

우리는 이 풍요로움 속에서 무엇을 강조해야 할 것인가?

나는 절제하는 법을 배우고 엄격히 실천해야 한다고 생각한다.

사람의 욕심은 한이 없는 것이다. 하고 싶은 일, 가지고 싶은 것을 모두 실현하려면 무리가 따르고 그것이 지나친 욕심이 되어서 죄를 낳고 그로 인하여 패가망신하는 일이 생기는 것이다.

우리 주변에서 우리를 유혹하는 것 중에 가장 매력이 있고 강한 힘을 가진 것은 부일 것이다. 세상 사람들은 모두 돈에 눈이 어두워지는 듯하다. 또한, 권력과 명예이다. 돈이 생겨 부를 이루면 도의원이 되려 하거나 국회의원이 되어 권력을 차지하려고 정당에 줄을 대고 표 모으기에 힘을 쏟는다. 그도 아니면 명예와 명성을 얻고자 하여 힘을 쏟는다. 그렇지 않으면 무모한 쾌락이나 충동적 소유 심리의 유혹에 빠지는 수도 있다.

나는 무엇을 해야 하고 무엇을 하지 말아야 할 것인가?

내가 하고자 하는 일이 내 신분에 맞는 일인가? 또 그 일은 가치가 있는 일인가? 그 일을 이루기 위하여 구상하는 나의 방법은 적절성이 있는가? 결과로 얻어지는 효과는 어떠할 것인가? 등을 엄격히 분석하고 판단하여 실행하려 노력해야 할 것이다. 뻗을 자리를 보고 발을 뻗어야 할 것이다. 강력한 유혹의 힘에 엄격한 절제가 요구되는 시대라 생각한다.

2011. 11. 6

전통을 숭상하는 사회로

요즘 신문을 보기가 겁이 난다. 아직 잊어버리지도 않았는데 어린이 유괴니 연쇄 살인이니 비인륜적인 성범죄, 노부모 유기, 심지어 부모를 살해했다는 등의 기사가 오르기 때문이다. 학부모들은 어린이나 중학생의 등하굣길 안전을 걱정하여 감시해야 하고, 부녀자의 밤길을 두려워해야 하며, 노인들이 늙어 감을 두려워해야 하는 세상이 되고 말았다.

이전 어느 시대에 이토록 살벌한 사회가 있었으며 우리 민족이 이토록 포악했었는가?

옛날에는 "의식이 족하면 예절을 안다."고 했었는데 지금은 오히려 너무나 풍요롭기 때문에 기상천외의 엽기적인 범죄사건이 끊이질 않는다.

우리 조상들은 자연과 더불어 사는 농촌을 바탕으로 어른을 공경하고 이웃과 상부상조하며 인정이 넘치는 가운데 예의를 숭상하고 의리를 소중히 여기는 윤리적 전통 속에서 살아왔다. 그러나 산업화가 진행되면서 농촌은 와해되고 도시화가 진전되는 가운데 오늘날 우리 사회는 전통적 가치관은 소외당하고 새로운 외래문화에 현혹되어서 극도로 가치관의 혼란상을 보이고 있다. 곧 서구적인 것만이 현대적이고 진보적이며 합리적이고 생산적이라서 추종해야 할 것이고, 전통적인 것은 고식적이고 퇴영적이며 비합리적이고 비생산적이라 하여 버릴 것으로 그릇되게 인식하는 신세대가 증가하고 있다.

우리 사회는 전통문화의 절대가치는 상실된 채로 물질숭배에서 배금주의가 만연하고 경쟁우위의 생활 수단만이 득세함으로써 청소년들에게 자아의식의 혼란을 가져오고 가치 판단을 흐리게 하여 포악의 극에 달한 패륜적인 범죄 행위마저 일어나고 있는 것이라 생각한다.

우리는 우리의 전통을 져버림으로써 가치 판단의 혜안을 잃어버리고 키 없이 21세기의 바다에서 허우적거리고 있는 것이 아닌가. 앞날이 두렵다.

일반적으로 전통이란 과거로부터 현재에 이르기까지 축적되고 계승되어온 문화적 유형의 총체라고 정의할 수 있다. 한국문화라 하면 한국의 전통이라는 말과 같은 의미로 쓰이기도 한다. 전통이라고 하기보다 전통문화라는 말로 표현되는 경우가 더 많다. 따라서 전통과 문화는 거의 같은 의미로 쓰이고 있음을 알 수 있다.

그러나 전통과 문화는 완전 동일한 개념은 아니고 많은 부분이 겹쳐지는 의미의 영역을 가지고 있다고 할 수 있다. 부디 구분하자면 문화가 현재 생성되고 소멸되어가는 모든 인간의 활동을 포괄하는 용어라고 한다면 전통이라는 말은 오래 지속된 것 혹은 문화의 정수를 말한다고 할 수 있다.

21세기는 문화의 시대라 한다. 이는 민족마다 고유한 전통문화의 융성발전을 기함으로써 독자의 전통을 살려야 할 시대임을 의미한다. 그런데도 오히려 전통문화가 소외될 가능성이 짙다. 왜냐하면, 전통문화의 세계에서 살아온 세대보다도 신세대가 더 많아질 것이며 신세대는 전통문화에 대하여 위화감을 느낄 터이니 말이다.

그러나 미래학자들이 예견하는 바는 물질 만능으로 치달은 산업사회 이후의 사회상은 전통을 되찾는 방향으로 선회할 것이라고 한다. 고도의 과학기술의 발달은 인간이 사용하는 모든 기기에 고부가가치의 장치를 장전시킴으로써 고도의 성능과 다양하고도 미려한 디자인으로 인간의 요구하는 바에 앞서서 또한 인간이 사용방법을 익히기도 전에 다시 새로운 기기가 시장에 범람하게 된다.

인간의 욕망은 새로운 기기에 대한 호기심과 필요성을 느끼게 되지마는 그 사용방법의 변화 속도에 따라갈 수 없어 인간은 불만을 느끼고 점차 기계가 아닌 자연을 새롭게 발견하고 인간 부활을 기대하게 된다는 것이다.

일본의 미래 연구 단체인 '그룹 ST'의 예견으로는 미래의 인간은 노자와 장자의 자연주의 사상만이 과학주의와 자연주의 사이에서의 인간의 갈등을 해소해 줄 것이므로 노장사상이 인기를 얻게 된다고 예견하고 있다. 이는 동양 전통적인 사상에로의 회귀를 의미한다고 하겠다.

우리는 현대 과학문명의 소산에서 파생되는 비윤리적인 면을 억제하고 자제하여 인간이 주체가 되는 사회를 지향하기 위하여 자연을 숭상하고 자연 속에서 생성된 우리의 전통문화를 발굴하여 재조명하고 재창조하며 계승 발전시켜서 전통을 숭상하는 사회를 이룩해야 하지 않을까 생각해 본다.

2009. 2. 10

가정에서 쫓겨나는 노인들

이 세상에 자식이 없는 사람은 있어도 어버이가 없이 태어난 사람은 없다.

어버이는 자식을 어려서는 병이 들세라. 다칠세라. 마음에 상처를 받을세라. 항상 우려하며 이 자식이 이 세상에서 누구나 부러워하는 훌륭한 사람이 되기를 바라며 교육시키고 가정을 꾸미도록 모든 배려를 아끼지 않았다.

그런데 어느 조사에 의하면 오늘날 노인의 90% 이상이 자식에 의지하지 않고 혼자서 살고 싶다고 한다는 것이다. 어쩌다가 정으로 얽혀진 가족의 윤리와 끈끈한 유대가 허물어져 버렸단 말인가.

이전에는 서구 사람들이 한국의 효도문화를 극찬해 마지 않았고 부러워했었는데 오늘날은 인륜에 거스르는 일들이 빈번히 언론의 보도거리가 되고 있으니 깊이 생각해보아야 할 일이 아닌가?

특히나 오늘날 노인들은 전쟁과 가난을 극복하며 힘들이 자식을 키우고 오늘의 국가의 부를 형성하는 데에 주역이 되었던 분들이다. 그리고 오늘날 사회의 주역으로 활동하고 있는 자들은 이 노인들의 피땀 어린 수고에 의하여 키워진 사람들이다. 이들은 가정에서나 사회에서 마땅히 존중받아야 할 세대들이다.

옛날 같으면 나이가 들어서 기동이 불편해지면 자식들이 봉양하는 것이 당연한 일이었고 효도의 첫걸음이었다. 그러나 오늘날은 자식이 늙은 부모를 버리는 시대가 되고 말았다. 가슴이 답답하고 늙어간다는 것이 무섭다.

살기가 어려워졌기 때문이라고 말할 것이다. 그러나 이보다도 더 살기가 어려웠던 이전에는 오히려 정이 두터웠었다. 사람이 달라진 것이다. 살기가 좋아지고 교육 수준은 높아졌는데 인간이 부정적으로 변질이 되어서 자기중심의 편협한 인간으로 변해버린 것이다. 가정이 사회 형성의 근간이 되고 건전한 가정이 건전한 사회의 바탕이 된다는 의식이 교육이나 가족제도 사회제도에 깊이 박혀 있어야 할 터인데 그릇된 개인주의나 인권주의에 대한 인식이 전통적인 도덕을 무너뜨리고 있는 것이 아닐까 한다.

앞으로 30년 후 세대를 위해서 우선 가정의 기능을 복원시켜서 어버이는 어버이로서 자식은 자식으로서의 제 자리를 찾게 해주어야 할 것이다.

2011. 5. 9

인간관계의 기본을 다지자

그제도 '묻지마 살인 사건'이 일어났다는 보도가 있었다(2011. 6. 3). 이혼한 아내와 닮아서 살인에 이른 것이라 한다. 어떤 조사에 의하면 경찰청의 분석 결과, '묻지마 범죄'로 꼽히는 '우발적 또는 현실불만으로 인한 살인'은 2007년 366건, 2008년 454건, 2009년 572건으로 2년 새 56%나 폭증했다고 한다.

더 놀라운 것은 자식이 친부모를 살해하는 일, 어미가 자식을 살해하는 엽기적이고 패륜적인 살인 사건마저 일어나고 있다.

무슨 때문일까? 범죄를 저지르는 자의 외적 요인을 들 수 있겠지만 가장 중요한 것은 인간 자체가 변질되고 있기 때문이다. 예전에는 인간으로서 도저히 상상도 할 수 없는 일들이다.

인간으로서의 기본이 되어있지 않기 때문이라고 생각한다.

무슨 일에나 기본이 중요하다. 기본이 되어 있지 않으면 발전이 없다.

그것은 공부만이 아니라 스포츠나 사업이나 인간관계에도 적용된다.

기본은 쉽게 익힐 수 있고 실행하기도 간단하다.

누구든지 쉽게 할 수 있으니까 기본인 것이다.

그렇게 쉬운 것이지만 참으로 기본에 충실한 사람은 그리 많지 않다.

왜냐하면, 그 기본이라고 해서 익힌 것이 몸에 배지 않았기 때문이다.

특히 인간관계의 기본이 되는 예절의 실행은 실제 행동으로 나타나야 효과를 거둘 수 있는데 그것이 몸에 배지 않았기 때문에 인간관계에서 불상사를 일으키는 수가 많다.

인간관계의 기본은 어릴 때 익히는 것이 중요하다.

인간이 세상에 태어나 살아가는 데에는 먼저 부모, 형제, 처자 곧 육친(六親)과의 관계를 기본으로 하여 넓은 사회의 타인과 조직과의 인간관계를 맺으며 살아간다.

그 인간관계의 가장 기본이 되는 도덕률이 소위 유교에서 말하는 오륜이라고 생각한다. 오륜은 수백 년 동안 우리 한국 전통 사회에서 강조되어온 도덕률이다. 그런데 최근에는 낡은 도덕률이라 하여 소홀히 하여 가정에서나 사회에서 강조하는 바가 없어서 젊은 세대에서는 그런 도덕률이 있는지조차 알지 못하고 더구나 그 실행이 강조되지도 않았던 것이 사실이다.

반드시 고래의 개념으로 오륜을 생각하자는 것이 아니라 인간이 태어나 성장하는 과정에서 반드시 겪어야 하는 인간관계의 범위가 육친(六親)에서부터 넓은 사회로 발전되어 간다는 관점에서 현대적으로 재해석하여 가정에서 어릴 때부터 자녀들에게 익히고 습관화하여 실천하도록 지도하는 데에 힘쓰자는 생각이다.

어려서부터 부모와 자식 간에는 인간으로서 가장 가깝고 사랑으로 맺어진 관계이므로 부모를 공경하고 부모는 자녀를 사랑해야 한다는 것을(부자유친/父子有親), 국가나 사회, 조직의 리더와의 관계는 도리나 법률 또는 계약에 따라 그 의리를 지켜야 성립된다는 것을(군신유의/君臣有義), 남편과 아내 또는 남자와 여자는 선천적으로 신체의 구조와 기능이 다르고 따라서 그 역할도 다르다는 것을(부부유별/夫婦有別), 나이가 많은 사람과 어린 사람과의 사이에는 차례가 있다는 것을 그래서 형은 아우를 사랑하고 아우는 형을 따르도록 해야 한다는 것을(장유유서/長幼有序). 친구 사이에서는 신의를 지켜야 한다는 것을(붕우유신/朋友有信) 강조하고 실천하도록

했어야 하는 것이었는데 소홀하지 않았나 생각한다.

고래의 오륜의 개념을 현대적으로 재해석하여 인간관계의 기본 도덕규범으로서 이를 익히고 마음에 새기고 몸에 배게 할 필요가 있다고 생각하는 요즘이다.

2011. 6. 13

백년해로하시기를

「한국보건사회연구원이 9월 16일(2011년) 발표한 『저출산·고령화 사회의 국민인식 조사』에서 여성의 71.8%가 "늙은 남편 돌보는 일이 부담스럽다."고 답변했다. 심지어 같은 질문에 남성도 66.4%가 동의했다. 한국 남성들 스스로 "나이 먹으면 아내에게 부담되는 존재" 라고 자인한 셈이다.」는 보도가 있었다.

이 조사 결과를 보면 "나이가 들면 가정에서도 버림을 받게 된다."는 인상이 깊이 느껴진다.

그렇다면 "나이가 든 사람은 누가 맡아주어야 할 것인가?" 기가 막히는 조사 결과이다.

왜 이런 결과를 보도하는지 마음 내키지 않는다. 그렇지 않아도 가정해체현상이 급속히 진행되고 있는데…. 남들이 하니까 나도 한다는 식으로 행동하기 쉬운 우리의 사회 실상으로 봐서 바람직하지 않은 처사가 아닐까?

65세 이상의 나이를 먹은 사람들은 남녀 모두가 각기 이전에 주부였던 어머니의 일생을 생각해볼 필요가 있다. 그 어머니들은 누구나 아무런 불평 없이 가정에서 일어나는 자질구레한 일들을 다 처리해왔다.

그러나 요즘은 그때 어머니가 하시던 일들을 집 안 청소는 청소기가 맡아 하고, 빨래는 세탁기가 맡아 하고, 검불이나 연탄을 때던 일은 가스가 맡아 하고, 물 길어오는 일은 수도가 하여서 요즘 주부인 어머니들은 많은 일을 덜게 된 것이 사실이다.

이렇게 주부의 일을 덜게 해준 사람은 이제 나이가 들어 퇴직하는 사람들이 주축이 되어 이루어 놓은 업적이라 해도 과언이 아닐 것이다.

그렇다면 요즘 주부들은 너무나 이기주의에 빠져 있는 것이 아닐까? 하고 자기 성찰을 해보아야 할 것이다. 나이가 든 사람을 가정에서 받아들이지 않는다면 우리가 사는 인생에 무슨 낙이 있으며 이런 일을 나라가 해줄 것이라 할 수는 없지 않은가.

여가를 가지고 자유롭게 생활하는 것은 좋은 일이지만 새로운 인생의 출발점에 섰다는 기분으로 생활 패턴을 바꾸려는 노력이 남녀 모두에게 필요한 시대가 되었다고 본다.

오히려 주부는 집에 들어앉은 남편과 다시 새로운 인생을 살아간다는 따뜻한 정으로 맞아들이는 마음이 필요하지 않을까.

결혼식 주례사 중에 으레 나오는 말 “검은 머리 파뿌리 되도록” 그대로 이제부터 두 손을 붙잡고 검은 머리가 파뿌리 되도록 함께 늙어가며 백년해로하는 제2의 인생을 살기 바라는 마음 간절하다.

2011. 12. 5

누구나 당할 일인데

고령화가 진전됨에 따라 비극적인 일들이 빈번히 일어나고 있다. 우선은 가정에서 자식들이 봉양해야 할 노년의 부모를 학대하는 일이다.

2007년 중앙노인보호전문기관 현황보고서에 의하면 부모를 학대하는 건수 2312건 중 학대하는 사람은 아들이 53.1%, 며느리가 12.4%, 딸이 11.9%, 배우자가 7.6% 등으로 나타났고, 학대하는 이유로서는 가해자의 정신적 결함(성격장애, 알코올 중독) 40.5%, 경제문제 36.9%, 가해자의 부부갈등 5.7%, 기타 18.7%로 나타나 있다.

위 통계를 보면 마땅히 부모를 모셔야 할 아들이 학대에 앞장을 서고 있고 또한 경제적인 이유가 그 원인이라고 요약할 수가 있다.

우리나라는 예전에는 노인이 자살하는 일은 별로 없었다. 그런데 요즘은 세계적으로 자살하는 노인이 많은 노인 자살 대국이 되고 말았다.
전쟁의 폐허에서 갖은 고난을 넘어 오늘을 이루기에 젊음을 바쳐온 그 힘찬 기상은 어디로 사라지고 참담한 노년을 만나게 되다니 한스럽고 답답하다.
부모에게 효도해야 한다는 말은 너무나 진부하고 현실에 맞지 않은 말이라고 생각하기 쉽다. 그러나 우리는 인간이기 때문에 부모에게 천륜을 지키어 효도해야 한다. 이런 주장을 거역하는 사람은 인간이기를 포기한 사람 곧 인간 이하의 야수에 지나지 않다고 생각한다.

이런 우화가 생각난다.

인간 세상에서 나쁜 일을 저지르고 죽어서 지옥에 떨어진 죄인에게 염라대왕이 찾아왔다.

"너는 인간 세상에 있을 때에 세 사람의 천사를 만나지 아니하였는가?"

"대왕님! 나는 그런 분을 만나지 않았습니다."

"그러면 너는 나이가 들어서 허리가 꼬부라져 지팡이를 짚고 가는 노인을 보지 못하였는가?"

"대왕님이여 그런 노인이라면 얼마든지 보았습니다."

"너는 그 천사를 만나면서도 자신도 늙어가고 있는데 서둘러서 선을 행하려 하지 않아서 오늘과 같은 보복을 당하는 것이다."

염라대왕은 다시 물었다.

"다음에 너는 제2의 천사를 만나지 않았는가?"

"대왕님! 나는 그런 천사와 만나지 않았습니다."

"너는 병으로 고생하고 혼자서는 기거하지 못하여 보기에도 불쌍한 사람을 보지 못하였는가?"

"대왕님! 그런 병자라면 얼마든지 보았습니다."

"너는 그 천사를 만나면서도 자신도 병이 든다는 것을 생각하지 않고 소홀히 하여 이 지옥에 오게 된 것이다."

다시 염라대왕은 물었다.

"다음 너는 제3의 천사를 만나지 않았는가?"

"대왕님! 나는 그런 천사를 만난 기억이 없습니다."

"너는 너의 주변에서 죽음을 보지 못하였는가? 사람들이 슬퍼하는 죽음을 보지 못하였는가?"

"대왕님! 죽음이라면 나는 얼마든지 보아왔습니다."

"너는 죽음을 경계하는 천사를 만났으면서도 죽음을 생각하지 않고 선을 행하지 않아서 생각나는 대로 살았으므로 이 지옥에서 보복을 당하는 것이다. 너 자신이 한 일에 대하여 보복을 받지 않으면 안 되느니라."

하고 염라대왕은 말하였다.

누구나 늙고 병들고 죽는다는 것을 잊지 말아야 할 것이다.

2011. 11. 21

‘돈은 도는 것’이라 하는데

‘돈은 도는 것’이라 한다. 돈은 나에게서 남에게로 또 남에게서 나에게로 돌고 돌아오는 것이라 한다.
돈은 저축해두기만 해서는 안 되고 써야 가치가 있는 것이다. 가능하면 저축한 돈을 자기 자신을 위하여 써야 한다. 물론 남을 위하여 쓰면 더 좋다.
남에게 정을 베풀어 돈을 쓰면 그 결과는 자신에게로 돌아오기 때문이다.

그런데 그 쓰는 방법에는 문제가 있다. 단순히 자신의 향락만을 위하여 쓴다면 아무런 의미가 없다. 오직 인간이 잘못된 방향으로 발전될 뿐이다.

돈을 쓸 것이면 자기 자신의 발전을 위하여 써야 할 것이다. 물론 생산성이 높게 써야 할 것이다. 쓰고 나면 없어져 버리게 하는 것보다 쓰고 나면 무엇인가 새롭게 생산되도록 쓰는 것이 좋다.

누구나 다 이렇게 돈을 쓰고 싶을 것이다.

그러나 이 말은 돈이 있을 때의 말이라서 돈이 어디서 생겨나는가?

돈은 일을 해야 생겨난다. 그러나 요즘은 일하고자 하나 일할 자리가 없어서 청년 실업자가 넘쳐나는 세상이다. 대기업들이 십 수조 원의 이윤을 남기고 있다고 하지만 그 회사가 일자리를 적극적으로 만들어 주지는 않는다.

부자들은 부자들끼리만 돈이 돌고 그들의 세계를 만들어 서민은 상상도 할 수 없는 고가의 물건이나 사치품을 사고 즐기는 세상이다. 그들만이 세상을 만들고 그들만이 명문이라 하며 돈에 의한 모든 사치를 누리기에 바쁘다.

고금을 물을 것 없이 돈과 권력은 만인이 선호하는 대상이 되는 것이지만, 근래에는 정치의 근간은 경제의 성장 발달에 치중되어 있고, 만사가 돈과 연결을 지으며, 게다가 전에는 별로 듣지 못하던 화폐의 단위가 조 단위로 일컬어지는 시대가 되었다.

누구나 일확천금의 꿈에 젖어 거부를 부러워하고 부자가 되는 것이 일생의 꿈으로 생각하는 사람이 많다. 돈벌이라면 수단과 방법을 가리지 않는 듯이 보인다. 모두가 돈을 우상시하는 황금만능의 시대가 된 듯하다.

정치는 돈이 서민에게도 돌게 하고 부자들은 돈을 적선하는 데에 적극적으로 베푸는 세상이 되었으면 한다.

그러면 돈은 상하 빈부귀천 없이 돌고 돌 것이 아닌가.

2011. 7. 18

사람 값어치

얼마 전에 모 은행장을 내정하고 자체 내에서 연봉을 20억을 주어야 한다는 데 대하여 외부에서의 여러 가지 비판을 받고서 연봉 7억여 원으로 낙착되었다 한다.

물론 소득이 많은 기업에서 최고 경영자가 최고의 연봉을 받는 것은 그 기업체의 사정에 따르는 일이니 할 말은 없다. 그러나 국가가 최저 임금을 월급 90만 2,880원으로 정하였으니 최저 연봉을 1,200만 원으로 보고 7억 원과 대비한다면 58배가 넘는다. 이렇다면 사람 값어치가 너무나 차가 심하지 않은가?

사람의 정신의 값어치는 한 사람의 몇만 배가 될 수도 있다. 그러나 근로의 값어치는 제각기 작업의 단계나 과정에 따른 제 능력에 맞는 일을 담당할 터이니 몇십 배나 될 수는 없을 것이라 생각한다.

이러고서는 우리 사회는 소득의 격차가 극심해져서 결국 신흥 거부들과 사치를 누리는 귀족은 증가하고 서민은 나락에서 헤어나지 못하는 상황이 될 것이 아닌가.

어느 나라에서는 최고 경영자의 보수는 최저임금의 10배를 초과하지 않는다는 관례가 있다고 하는데 너무나 심한 차이가 아닌가. 자본주의 자유경제의 원칙을 따르고 있는 현실이라고 하더라도 우리 민족만의 독특한 경제 체제를 이룰 수는 없는 것인가? 경제에 대한 무지의 소치인 엉뚱한 생각인지 모르겠다.

우리 민족은 예로부터 이웃과 너무나 동떨어지게 잘 사는 것을 부덕으로 생각하여 있는 자는 없는 자에게 나누어주는 미덕을 중시하였다.

경주 최 부자 집안에 전해오는 "재산은 만석 이상 지니지 마라." 는 말처럼 정부 기관이나 기업의 상위에 있는 자들이 최저 임금의 10배를 넘지 않는다는 생각으로 그 욕심을 조금만 줄인다면 일자리를 더 만들 수 있고, 비정규직 인원을 줄일 수 있지 않을까?

그러면 온 국민의 부의 격차를 주릴 수 있어서 살기 좋은 나라가 될 수 있지 않을까 하고 잠꼬대 같은 생각을 해본다.

2011. 4. 11

요즘 흔해진 이상한 표현

원래 말의 표현은 백인백색이라고 생각한다. 맞고 틀리다는 말이 있을 수 없다고 할 수 있다. 그러나 "가는 말이 고와야 오는 말이 곱다."는 속담처럼 대화의 상대와 그 장소와 상황에 가장 알맞은 말을 가려서 말해야 하며, 사회 공통의 약속에 의하여 운용되는 말의 규칙을 벗어나서는 안 될 것임은 다시 말할 필요가 없다. 따라서 국민 모두가 바른 말 고운 말을 쓴다면 우리 국민의 감정은 순화되고 사회는 더욱 명랑해질 것이다.

20세기 후반에 들어서 우리 사회의 급격한 변화에 따라 말의 변화도 급진전하고 있다. 사회의 변화에 따라 말도 자연히 변하게 마련이지만 규범문법의 범위를 훨씬 넘어 변하는 말이 많아져 가고 있는 것이 오늘날의 현실이다. 한평생 국어교육에 종사해온 사람으로서 국어순화를 바라는 염원에서 요즘 흔해진 이상한 언어 표현 한 가지를 지적해 보고자 한다.

다음과 같은 예를 보자

이 용례는 어느 방송에서 나타난 대담에서의 용례이다. 밑줄 부분을 유의하기 바란다.

1) "오늘은 특별한 일이 없어도 신나는 것 같아요."는 그냥 "…신나요."로 하는 것이 좋겠다.

2) "봄이 되면 꽃이 활짝 피는 것이 좋은 것 같아요."에서 "좋은 것 같아요."는 자신의 느낌을 말하는 것이니 그냥 "좋아요."라 하는 것이 좋겠다. 요즘 일반화되지 않은 "－ㄴ 것 같아요."하는 표현을 많이 쓰고 있는데 자신의 의사를 분명히 밝히지 않는 태도라서 문제가 있다고 본다.

3) "정말 살면서 꼭 같은 데 재미를 느끼고 같이 공감하면서 맞장구칠 수 있는 그런 사람이 있다는 것, 참 소중한 것 같습니다."에서 "소중한 것 같습니다."를 "소중합니다." "소중한 것입니다."하고 단정하는 것이 좋겠다.

4) "－ㄴ 것 같아요." 형식의 말이 남용되고 있다. "재미있는 학문인 것 같아요." "인상이 중요한 것 같아요." "봄은 운동을 할 수 있어서 좋은 것 같아요." 등은 화자가 불확실한 판단이나 추측을 할 수 있을 것으로 보기 때문에 사용해도 무방할 듯하다. "오늘 아침

조금 기온이 오른 것 같아요. 봄 날씨는 어떻든 날씨 좋은 것 같아요."의 밑줄 친 부분은 화자가 단정해도 좋은 말이 아닌가 한다. 곧 "봄 날씨는 어떻든 날씨가 좋아요."로 하는 것이 좋겠다.

"－ㄴ 것 같아요."에 대해서 한마디 하고자 한다.

(1) 원래 이러한 표현은 불확실한 판단이나 추측을 나타내는 표현법이다. 그런데 최근 젊은이들에게 널리 쓰이고 있는데, 전에는 없는 표현법으로서 자기 자신의 행동에 대하여 애매한 태도를 나타내며 동시에 책임을 회피하려는 저의가 있는 것처럼 들리는 표현이기 때문에 문제가 있다고 본다. 물론 자신의 생각을 완곡하게 표현할 수도 있으나 지나친 남용이 문제이다.

(2) 내가 생각하기에는 문제의 "－ㄴ 것 같아요."는 일본말 표현이 우리말 표현에 유입된 듯하다.

일본말에서 "소토와 아메가 훗데이루 미타이(外は雨が降っているみたい.)" 뜻은 '밖은 비가 오는 것 같다.'처럼 '미타이(みたい) = －닮다.'나 '라시이(らしい) = －인 것 같다.'라는 말을 써서 추측이나 불확실함, 애매함을 표현하는 데에 많이 쓰이고 있다. '흰옷이 좋은 것 같아요. = 시로이 후쿠가 이이미타이. 또는 시로이 후쿠가 이이라시이' 같은 말을 많이 쓰고 있다. 외래어가 유입되는 것을 전적으로 배격하고자 하는 생각은 아니고, 우리 젊은 세대가 일본

사람들처럼 자신의 행동이나 판단에 대하여 불확실하거나 추측으로 애매하게 표현하는 좋지 못한 언어생활은 시정되어야 할 것으로 생각한다.

차제에 한 마디를 덧붙인다면 일본어의 잔재를 없애자고 하면서도 최근에 일본어 표현법이 우리말에 유입되어서 세력을 얻고 있는 말들이 있는데, 특히 언론에서 다루어지고 있다는 데 재고해야 할 것이라고 생각한다.

예를 들면 '전향적(前向的) 자세'는 일본어 '마에무키노 시세이 = 앞을 내다보는 자세'라는 말이고, '진검승부(眞劍勝負)'는 일본어 '싱켄쇼부 = 실물인 칼을 가지고 승부를 겨룬다.' 곧 온 정열을 다한다는 말이다.

외래문화의 유입에 따라 언어도 유입되고 기존의 언어 사용법에 변화를 가져오는 것은 자연스러운 일이라 할 수 있다. 그러나 그런 내용을 표현할 수 있는 말이 전혀 없다면 모르지만 가능하면 우리말 표현법에 순화시켜 쓰려고 노력해야 할 것이다.

2009. 4. 20

'웰다잉' 단상

한참 전에 '웰빙'이라는 말이 유행처럼 번져 일반화되더니 요즘에는 '웰다잉'이라는 말이 유행되려 하고 있다. '웰빙'이 '잘사는 것'이라면 '웰다잉'은 '잘 죽는 것'이라는 말이라 한다.

'웰다잉'을 주장하는 사람들의 말인 즉 '웰다잉'이란 "우리 삶이 죽음을 받아들일 때 잘 죽기 위해 의미 있고 품위 있는 노년을 준비하는 것"이라고 정의하고 있다.

또한, 죽음에 대한 강연이나 죽음 체험 학습 같은 행사를 열기도 한다고 한다.

하기는 수년 전에 일본인 이시다히데미(石田秀實) 교수의 『죽음의 레쓴』이라는 책을 읽은 일이 있다.

진시황의 죽음을 비롯하여 인류의 다양한 체험과 사상을 참조하여 죽음을 깊이 생각하고 인간의 참 사는 방법을 찾아보는 일곱 가지의 레쓴 방법을 적고 있으나 난해하고, 이런 책이 다 있군! 하는 기분이라서 그저 한 번 읽었었는데 이제 '웰다잉'이라는 말이 대두되고 있으니 한번 잘 읽어보리라 생각하고 책상머리에서 들락날락하고 있다.

죽음이란 누구나 피할 수 없는 강력한 힘을 가진 숙명이기 때문에 사실 두려움을 가지고 말하기를 꺼려 온 것이 사실이다.

일찍이 유가에서는 인간의 오복은 수(壽), 부(富), 강녕(康寧), 유호덕(攸好德), 고종명(考終命)이라 하는데, 이제 말하는 '웰다잉'이란 이 '고종명'과는 어떻게 다른가 하고 생각해 보기도 한다. 그러면서도 죽음을 체험해 본다고 하여 관 속에 들어가 보는 모습이 텔레비전에 나오기도 하였는데, 피할 수 없이 당할 일인데 왜 저런 짓을 하는가 하고 의아하게 생각한 일이 있다.

죽음을 피하여 불로장생하려고 진시황이 불로불사약을 구하러 동남동녀 3천을 동해로 떠나보냈다는 이야기도 있지만, 오랜 역사 속에서 인간은 불로장생하고자 도인법(導引法)을 생각해내기도 하였고 여러 가지의 양생법이 전해지기도 한다. 그러나 아직 죽음을 체험하고 살아난 사람이 있다는 말은 없다.

『장자(莊子)』 외편 지락편에는 장자가 여행길에 해골을 만나서 해골과 죽음에 대한 대화를 했다는 이야기가 있다.

장자가 초(楚)나라에 가서 하나의 해골을 만났는데, 이상한 놈이라고 생각해서 가지고 있던 말채찍으로 때리면서 어찌해서 죽었는가 하고 문답을 하고 밤에는 그 해골을 베개 삼아 잠을 잤는데 꿈속에 해골이 나타나서 말하기를 "우리들 죽음의 세계에는 인생의 번뇌 같은 것은 하나도 없다. 만일 자네가 죽음의 세계에 대한 이야기를 듣고 싶다면 가르쳐주지."라고 말하는 것이다. 이에 장자가 "가르쳐주게." 하고 응대하자, 이제부터 해골의 설교가 시작된다.

"원래 죽음의 세계에는 위에 임금이 없고, 아래에 신하가 없다. 그러니 군신의 관계는 없다. 춘하추동의 변화도 없다. 오직 천천히 천지와 수명을 같이할 뿐이다. 그러니까 인간의 세상에서는 왕의 즐거움이 최고라고 하지만, 우리들의 즐거움에는 미치지 못할 것이다."라고 자랑스러운 듯이 말하는 것이다.

그러나 장자는 그런 바보 같은 말을 믿을 수 없으므로 "자네는 억지소리를 하는 게지, 실은 살고 싶은 게지. 혹시 살고 싶다면, 내가 죽음을 다스리는 대왕에게 부탁해서 자네를 한번 살려주려 하는데 어떠한가. 그러면 자네는 원래의 몸이 되어 살도 붙고, 형체도 갖추어진다. 그리하여 부모 처자가 있는 곳에 돌아가서 고향의 벗들을 만날 수도 있다. 어떤가. 해볼 생각은 없는가?" 하고 말하자, 슬픔과 걱정으로 못 견디는 얼굴을 하고, 이마의 주름살을 돋우며

"내가 어찌 남면왕의 즐거움을 버리고 또다시 인간의 수고를 한단 말인가?" 하고 말하였다 한다.

과연 이 해골이 말하듯이 죽음의 세계란 왕의 생활보다 좋은 곳일까?

공자님은 인간의 삶도 모르는데 어찌 죽음을 알겠는가? 하고 죽음에 대해서는 말하기를 꺼렸다고 한다. 그러나 우리가 나이가 들면서 죽음에 대하여 생각하지 않을 수 없으리라. 그러면 남은 삶을 어떻게 살아야 할 것인지를 생각하게 될 것이다.

푸른 하늘에 둥둥 떠가는 구름을 본다. 평상시에는 그냥 보고 넘겼던 구름의 흐름, 빠르게 느리게 커졌다가 작아졌다가 높이 떴다가 낮게 떴다가 위치와 모양을 수시로 바꾸어가며 흐르는 저 구름처럼 변하는 이 세상에서 무엇 하나 나의 뜻을 관철시켜 이루어진 것 보다는 세태의 흐름과 시운에 따라 이루고 버리곤 하며 노년이 되어버린 것이 아닌가.

노년이 되면 건강을 잃고, 직장을 잃고, 벗을 잃고, 돈을 잃고, 꿈마저 잃게 된다. 잃어져 가는 것을 악을 써서 붙잡고 있으려 한다고 되는 일인가. 그러나 버리지 말아야 할 것은 꿈이라 생각한다. 과연 노년의 꿈은 무엇일까?

나는 이렇게 생각한다. 이 세상에 남겨서 좋을 것과 남겨서는 안 될 것을 고르는 일을 해야 하리라 생각한다. 오직 후세들의 행복한 삶을 위하여 욕심을 버리고 마음을 비워서 유유자적하며 살다가 이 세상에 남겨서는 안 될 것들을 몽땅 거두어가지고 가리라 생각해 본다.

2009. 5. 22

천지, 지지, 아지, 여지

우리는 최근에도 고위직 관료나 권력이 있는 정치가들 주변에서 뇌물을 주었다 거니 안 받았거니 하여 시비를 하고 재판을 하는 일이 있다는 것을 언론을 통하여 종종 듣는다.

원래 뇌물이란 어떤 높은 직위에 있는 사람을 매수하여 사사로운 일에 이용하기 위하여 넌지시 건네는 부정한 돈이나 물건 등이므로 남몰래 수수되는 것이 보통이다. 그러니 사실이라 하더라도 그 사실을 부정해버리면 그대로 통과해버리는 일이 있을 수 있다.

뇌물이란 주는 사람이나 받는 사람이 부정한 방법으로 자기의 욕심을 관철하려는 때문에 일어나며 그로 인하여 사회는 부패해지는 것이다. 그래서 세계 180개 국가 중에서 우리나라의 청렴도는 39위라고 한다.

젊은 연예인들이 예능을 가지고 한류를 일으켜 세계를 휩쓸고, G20개국 정상회의를 개최하는 나라, 세계 경제의 13위를 차지한다는 나라가 이러고 있어서 될 일인가?

옛날 후한(後漢)의 청렴하기로 유명한 한 관료인 양진(楊震)은 관료로서 삼공의 지위에까지 오른 인물이다. 당시 후한은 측근 정치의 폐단이 심하고 부패가 만연한 시대였다.

양진이 지방 태수로 임명되어 임지로 가는 도중에 그 지방 현의 현령인 왕밀(王密)이 밤중에 양진의 숙소를 찾아왔다. 이 왕밀은 이전에 양진의 부하였었던 사람이다. 그는 그때 자신을 잘 보아준 사례라고 하며 돈뭉치를 드리려 하였다.

양진은 단호히 이것을 거절하였다.

그러자 왕밀은 말하기를 "제가 이 밤중에 찾아온 것은 아무도 모르게 하려 함입니다. 이 일은 아무도 모르는 일이니 받아주십시오."

그러자 양진이 정색하여 말하기를

"그대는 아무도 모른다고 말하지만

이 일은 하늘이 알고(天知), 땅이 알고(地知), 내가 알고(我知). 자네가 아는(汝知) 일이 아닌가."

하고 나무랐다고 한다.(후한서 양진열전)

고위관료일수록 그리고 지도적인 입장에 서는 사람일수록 공명정대하게 처신하는 나라는 언제나 올 것인가?

2011. 3. 21

탐욕이 판치는 세상

일찍이 돈이 많은 사람을 '백만장자'라 했다.

그런데 요즘은 '억만장자'라 해야 부자라 할 수 있는 세상이 되었다.

'백만장자'란 백만이 만개를 가진 사람 곧 1억을 가진 부자란 말이고 '억만장자'란 억을 만 개 가진 사람이라는 말이다.

곧 만이 만 개는 1억이고 억이 만 개면 1조이다.

최근 보도에 의하면 비정규직 근로자가 600만 명에 육박한다고 하고 비정규직 근로자의 봉급은 월 138만 원 정도라 한다. 게다가 실질 실업자는 300만에 이른다는 통계도 나온다.

그리고 국내 18개 은행에서 수수료 수익이 2조 2567억 원이고 카드

사의 수수료 수익이 4조 957억 원이라는 보도가 있었고 며칠 전에는 삼성전자 통신부문 이익이 2조 5200억이라는 보도가 있었다.

우리 은행이나 대기업이 그야말로 많은 돈을 벌어들이고 있다.

만일 어떤 기업이 그 수익금에서 1조를 내어서 1인당 월 200만 원씩 주는 노동력을 고용한다면 4만 5830명을 고용할 수 있다. 그러나 수익은 올리면서도 고용을 기피하는 것이 대개의 기업의 실태이다.

비정규직 근로자의 연봉은 1500만 원 정도인데 기업의 고위직 간부들의 연봉은 20억 원 가까이 된다고 하니 이는 너무나 불공평하다고 하지 않을 수가 없다.

이것이 탐욕이 아니고 무엇일까?

사람의 능력의 차이는 수로 헤아릴 수가 없지만, 근로자의 세계에서 너무 지나친 급료의 차이는 수많은 사람들의 분노를 불러일으켜 급기야는 폭동으로 나아갈 수도 있을 듯한 불안한 오늘이다.

어쩌다가 이런 상황에까지 이르게 되었는지 나라가 걱정스럽다.

생각해보면 의식주 생활 영역에서 탐욕의 본보기는 주택 문제에서 비롯된다.

서양사에 나오는 귀족도 아니고 핵가족화하여 가구당 인구가 줄고 있는데 50평 이상에서 100평에 이르는 주택이 왜 필요한지?

그리고 아파트 한 채의 값이 한 사람이 일생을 벌어도 쌓을 수 없는 거액인 수십억에까지 이르고 있으니 그런 집에서 사는 사람들의 탐욕의 결과라고 하지 않을 수 있겠는가.

그리고 유명 브랜드의 상품은 고가일수록 잘 팔린다는 구매자의 심리는 어떻게 설명할 수가 있을 것인가? 이 또한 탐욕의 증거가 아닌가?

가진 자들이여 그만 탐욕을 버리고 이웃을 보라. 이대로 가도 좋을 것인가?

2012. 1. 30

3부

자연외경 自然畏敬

유월이 오면

땅 도는 대로 돈다

아아! 이 참상 대지진 대쓰나미

대양의 축복과 재앙

아 우면산! 그때가 그립다

내일은 쾌청하다

유월이 오면

유월은 방금 사우나를 마치고 화장을 하고 나온 만삭의 여인이다. 환희에 찬 미래를 분만하며 유월은 온다.

새들은 숲 속 새벽의 어둠 속에서부터 사랑의 노래를 합창하고, 풀벌레들도 서로 짝을 맞추기 한창이다. 들판에는 이름 없는 작은 꽃들마저 제각기 꽃을 피워 미래를 잉태하려 애를 쓰고, 논밭에는 벼 폭이 짝짝 소리를 내며 벌어진다. 나무는 나무들대로 풀은 풀들대로 제 몸피를 늘리며 서로 이웃하는 친구들과 정다운 악수를 하려 몸부림친다. 산과 들이 푸르름으로 가득해지는 녹음의 계절로 내닫고 있다.

나에게는 1년 중 유월이 가장 좋은 계절이다. 새봄이 되어 3월부터 6월까지 내 몸은 생기를 찾아 활기가 솟아나고 머리는 명석해져서 생각하는 데에 피곤을 모르는데, 특히 6월이 되면 완전히 털갈이하여 겨울의 잔재를 씻어버릴 수 있으니 좋다.
남들은 5월이면 계절의 여왕이라 하여 찬탄해 마지않지만, 최근 변덕이 심하여 철없이 더웠다 추웠다 하는 날씨에 적응하기 힘들더니 마침내 6월이 되어서 제대로의 계절 감각을 찾은 것이다.

유월이 오면 나는 신록이 피어나 푸르러 가는 숲 속에 들어가 겨우내 벗지 못한 옷을 벗으리라. 숲 속의 상큼한 향기를 마시며 알몸이 되어 나무 사이로 내리쬐는 햇볕을 받고 풀잎을 스치는 바람결에 온몸을 씻어 생기를 찾으리라.

하얀 모시옷으로 갈아입고 창조주가 내리시는 밝아오는 여명에 무릎을 꿇고 명상을 하리라. 그리고 기도를 하려 한다.
애비로서 자식으로서 소박한 작은 소망마저 잃게 되는 안타까움으로 작은 소망이라도 이루어지도록 나의 주 창조주께 간구의 기도를 드리려 한다.

이 세상의 가치에 지나치게 연연해 하는 욕심을 버리게 하여 주소서, 마음을 비움으로써 광명의 햇살이 어둠을 헤치고 나의 영혼을 일깨워 평안을 찾을 수 있게 하여 주소서.

지난 일을 탓하지 말고 오늘에 착실해지도록 하소서.

산 절로 수 절로 자연을 따라 새 옷을 갈아입듯이 겨우내 걸치고 있던 묵은 옷가지를 벗어버리고 새사람으로 태어나리라 다짐을 한다. 이 정기 넘치는 계절의 힘을 받아서….

땅 도는 대로 돈다

10여 년간 내가 운동 삼아 다니는 길이 있다. 이곳은 한 바퀴를 도는데 700미터 쯤 되고 시간은 8분 정도 걸린다. 내가 5시 반에서 한 시간 정도를 걷는 곳으로 영산홍 아파트 단지와 혜성 아파트 단지 사이의 산지천 천변이다. 강변 양쪽으로는 이른 봄에는 벚꽃이 피고 겨울에는 동백꽃이 핀다. 5월에는 신록이 피어나 연두색 꽃밭을 이루며 6월이 되면 나무가 울창하게 자라 강변으로 가지를 늘어뜨린다. 물이 흐르는 강변이라면 강물 위에 멋진 그림자를 낳으리라. 그러나 물은 흐르지 않는 강이라 아쉬움이 한이 없다. 이곳에는 자동차가 다니지 않으므로 소음이 없으며 또한 매연도 없어 산책하기에 매우 좋은 곳이다. 게다가 최근에는 시청에서 산책로로 고무판 블록을 깔아서 걷기 운동에는 이보다 더 좋은 곳이 없을 것이다.

10여 년 전 내가 걷기 시작한 때는 걷는 사람이 별로 없었는데 4, 5년 전부터는 5월이 되면 아침저녁으로 많은 사람들이 걷고 뛰고 하여 북적거린다. 젊은 20대 여성에서부터 80대 노인들까지 다양한 사람들이 걷는다. 모두들 건강을 위하여 혹은 몸매를 가꾸기 위하여 운동하는 것이다. 이곳을 우리 집에서는 그냥 강변이라고 부른다.

이 강변을 처음 돌 때는 사람들이 별로 없었기 때문에 우리 집에서 출발하여 강변에 이르는 곳 입구에서 돌아들어 가서 걸었다. 그리고서 아래쪽 다리에 이르면 오른쪽으로 돌아서 걷게 된다. 그러니까 원형을 그리며 돌게 되는데 나는 오른쪽으로 돌아 걷는 것이다. 그런데 걷는 사람 중에 남자들 몇 사람을 빼고는 모두가 나하고는 반대 방향으로 도는 것이다. 돌다 보면 반드시 한 번씩은 만나게 되는데 만나는 족족 "안녕하세요. 몇 번째 도십니까?" 하고 인사를 하게 된다. 그러다 잠시 벤치에 앉아 쉬는 사이에 어떤 주부에게 "어찌하여 여러분들은 나하고는 반대 방향으로 돌고 있는 것일까요?" 하고 물어보았다. 그랬더니 하는 말이 "땅 도는 대로 도는 겁니다." 하고 대답하는 것이다.

얼마 동안 나는 그 말이 무슨 말인가 하고 생각하면서 지금까지의 습관대로 오른쪽으로 돌아 걸었다. 곧 시곗바늘이 도는 방향으로 걸었다. 그러다 보니 만나는 사람마다 인사를 거듭하게 되는 번거로움이 있고 서로 마주칠 때마다 길을 서로 피해 주어야 하는 번거로움도 있어서 남들이 걷는 대로 왼쪽으로 돌아 걷기 시작하였다. 곧 시곗바늘이 도는 반대 방향으로 돌기 시작한 것이다.

"땅 도는 대로 돈다."는 말은 지구가 도는 방향으로 돈다는 말이었다. 그 아주머니는 어떻게 지구가 자전하는 방향을 잘 알고서 이런 말을 하는 것일까? 나는 지구가 시계 반대 방향으로 돌고 있다는 것은 생각한 바 없이 자기 습관에 따라 걸었다. 생각해보면 남자는 오른쪽으로 도는 것이 정상이 아닐까? 수건을 빨아서 물을 짤 때 나는 오른쪽으로 비틀어 물을 짠다. 대체로 남자들은 이렇게 오른쪽으로 비틀지 않을까. 그런데 여자는 왼쪽으로 비틀어 물을 짠다. 그 아주머니는 자기의 습관대로 왼쪽으로 도는 것을 택한 것이 아닐까.

중국의 음양론에는 "천좌선, 지우동(天左旋, 地右動)"이라는 말이 있다. 이 '천좌선(天左旋)'이란 말을 주희(朱熹)가 풀이한 내용을 보면 "항성이 하늘에 있는데 비교적 빠른 속도로 동에서 서로 향하여 운전된다.[恒星在天以較快的速度自東向西運轉(天左旋)]"고 하고 있으니 음양론에서는 북쪽을 등지고 왼쪽이 동이고, 오른쪽이 서이므로 '천좌선(天左旋)'이란 "하늘은 왼쪽(동)에서 오른쪽(서)으로 돈다,(自東向西運轉)"는 뜻으로서 마치 왼팔을 들어서 오른쪽으로 두르는 형국을 말하고, '지우동(地右動)'이란 "땅은 오른쪽(서)에서 왼쪽(동)으로 움직인다.(自西向東運轉)"는 뜻으로 마치 오른팔을 들어서 왼쪽으로 두르는 형국을 말한다. 그리고 하늘은 양(陽)이고 동시에 남자는 양이므로 하늘이 돌듯이 오른쪽에서 왼쪽으로 돌고 땅은 음(陰)이고 여자는 음이므로 땅이 돌듯이 왼쪽에서 오른쪽으로 도는 것이라고 본 모양이다. 그래서 남좌여우(男左女右)라는 말이 생기고 남자는 하늘이고 여자는 땅이라고 했던 것인 듯하다. 우리가 사는 북반구에서 볼 때 지구 곧 땅은 시곗바늘이 도는 반대 방향인 왼쪽으로 돌고 있다. 모든 운동의 힘은 오른쪽으로 작용하고 있는 것이다. 그렇다면 시곗바늘이 도는 방향으로 도는 것이 힘이 덜 드는 동작이 된다. 그러나 실제 우리의 생활에서 이런 것은 느끼지 못한다.

일본 신화를 기록한 『고사기(古事記)』에는 일본을 개국한 남신과 여신의 결혼에 관한 재미있는 이야기가 있다.

"남신이 말하기를 당신의 몸은 어떻게 만들어졌습니까?"

하고 여신에게 묻자 여신이 대답하기를

"나의 몸은 덜 만들어졌는지 빈 곳이 하나 있습니다."하고 대답하는 것이다.

그러자 남신이 말하기를

"나의 몸은 다 만들고 남은 부분이 있습니다." 하고 말하고 다시 이어서 말하기를

"이 하늘 기둥을 중심으로 나는 오른쪽에서 왼쪽으로 돌고 당신은 왼쪽에서 오른쪽으로 돌아서 모자란 부분과 남는 부분을 끼워 넣어 나라를 만들어냅시다." 하고는 결혼을 하고 합궁하여 일본이라는 나라를 만들었다는 신화가 있다.

여기서도 남자 신은 왼쪽으로 돌고 여자 신은 오른쪽으로 돈다고 했다.

"오른쪽인가 왼쪽인가?" 이것은 우리 조상들이 오랫동안 살아오면서 하나의 행습의 기준이 되기도 하였는데 우리는 흔히 남좌여우(男左女右)라 하여 평상시 인사의 절하는 법에서 공수는 이 법을 따른다. 곧 남자는 왼손을 위로 하고 여자는 오른손을 위로 하여 공수를 한다. 결혼식장에서는 주례를 중심으로 하여 신랑은 남자라서 왼편에 서고 신부는 여자라서 오른편에 선다. 주례가 볼 때 남좌여우의 배치가 된다.

그런데 『예기(禮記)』의 내칙(內則)에는 "도로에 남자는 우측을 통행하고, 여자는 좌측을 통행한다."(道路, 男子由右, 女子由左)고 했는데, 이는 남녀가 마주하여 지나갈 때에도 남자는 여자의 좌측에 있어야 한다는 생각에서 생겨난 통행 규칙이 아닐까 싶다. 이는 남자는 하늘이라서 좌측에 서야 하고 여자는 땅이라서 우측에 서야

한다는 관념에서 생겨난 음양론에 의한 법이라 생각한다.

운동할 때에도 땅이 도는 대로 돈다는 생각은 마치 자연 상태대로 돈다, 곧 지구의 자연스러운 움직임에 따른다는 말이 되지만 실제로 운동의 힘은 반대로 작용하여 시곗바늘이 도는 방향으로 힘이 미치게 된다. 그러니 "땅 도는 대로 돈다."는 말은 자연이 작용하는 운동의 반대로 움직인다는 말이 된다. 우리가 의도적으로 자신의 힘을 키우려면 약간의 도를 넘는 노력이 필요하다는 뜻이 되는 것이라 생각한다. 강물에서 강물을 따라 내려가기보다 강물을 거슬러 올라가야 효과적인 운동이 된다는 말이다.

자연을 거스르는 것은 안되는 일이지만 의도를 가지고 하는 일이라면 자연을 거슬러 도전하는 정신이 필요하다. 바야흐로 우리가 사는 지구에는 온난화로 인하여 여러 가지 재앙이 우려되고 있는데 이런 재앙을 극복할 수 있는 지혜나 힘은 자연에 도전하는 데서 얻을 수 있으리라 생각한다. 현대 과학의 성과는 자연을 거스르는 도전에 의하여 이루어진 것이 아닐까? "땅 도는 대로 돈다."란 말은 "자연에 도전한다."란 말이라 생각해야 하지 않을까.

아아 이 참상! 대지진, 대쓰나미

2011년 3월 11일 오후 3시경 나는 밖에 나들이하고 돌아오자 내자가 일본에 진도 8.8의 대지진이 일어났다며 심각한 표정으로 NHK 방송을 듣고 있었습니다.

마침 그 지역은 30여 년 전에 내가 4년 가까이 살았던 곳이라서 남의 일 같지 않아서 신경을 곤두세우고 계속 그 방송을 듣게 되었습니다.

쓰나미가 밀려오는 영상을 보며 대자연의 위력 앞에 인간은 무력할 수밖에 없다는 것을 통감했습니다. 검은 바다 물결에 떠내려가는 집채, 커다란 선박, 자동차 등등 참으로 상상도 할 수 없는 꿈같은 장면이었습니다.

내가 일본에 체재할 때(1978년)에도 센다이(仙臺) 근해에서 진도

5.0의 지진이 일어서 남쪽으로 200여 킬로나 떨어진 곳에 있던 나로서는 처음 당하는 일이라 어쩔 줄을 모르고 소파에 기대고 무너지려는 책장을 바라보며 있는데 일본 사람들은 "다이죠부데스요(괜찮아요)."라 하며 나를 위로하여주었던 생각이 났습니다. 나로서는 끔찍한 경험이었습니다.

일본 사람들은 지진에 대한 훈련이 잘되어서 당일에도 쓰나미 예보를 듣고 서둘러 대피한 사람이 그래도 많아서 그나마 희생이 적었던 것이 아닌가 합니다. 그러나 30여만 명이 대피해야 하고 2만여 명이 생사를 모르는 형편이라고 하니 그야말로 엄청나게 무서운 재앙이 아닐 수 없습니다.

그런 와중에서도 방재 지도의 지시에 순종하고 야단법석을 치지 않은 그들의 침착한 행동 그리고 약탈이나 사재기 등 불순한 행동을 하지 않은 높은 시민의식에 우리는 배울 바가 많다고 생각합니다.

우리나라에도 1978년도 이후의 기상청 조사에 의하면 진도 3.0 이상의 지진이 연 9회 정도를 측정하고 있다고 하니 남의 일이 아닙니다.

우리나라가 이 지경을 당한다면 어떻게 될까?

그야말로 소름이 끼칠 정도의 두려움이 앞섭니다.

부실 공사라 하여 시비가 끊이지 않은 건축 공사, 게다가 최근에 건설된 거대한 교량, 고층 아파트 건물 등 그것들이 참으로 얼마나 내진 설계에 맞추어 이루어졌는지 게다가 욕심을 자제하지 못하는 우리 국민의 시민의식 등 참으로 걱정하지 않을 수가 없습니다.

서둘러 기왕의 모든 건물에 내진조치를 해야 할 것이며 지진에 대비한 국민 행동요령에 대한 훈련도 착실히 해두어야 할 것입니다.

자연의 재해는 사람의 힘으로 근본적으로 막을 수는 없다고 해도 준비가 되어 있다면 피해를 최대한 막을 수는 있을 것이 아닌가 생각합니다. 그리고 우리나라는 박애 정신을 발휘하여 수단 방법을 가리지 말고 이 재난을 당한 일본을 도와야 할 것입니다.

대양의 축복과 재앙

산을 좋아해서 오르는 산악인들에게는 1924년 최초의 에베레스트 등정에 참가했던 조지 말로리가 한 말 곧 "산이 그곳에 있으니 오른다.(Because it is there.)"라는 불멸의 명언이 있다.
나는 바다에서 500여 미터 정도 떨어진 곳에서 자랐는데 "바다가 바로 앞에 있으니 바다를 좋아한다."고 해야 할까?

어려서 늘 놀던 곳이 물때가 맞으면 바닷속에 들어가 헤엄도 치고 고기를 낚기도 하며 때로는 한 발 정도의 기다란 작살을 가지고 바다 속으로 들어가서 고기를 쏘기도 했다. 물이 만조가 되었을 때는 숨북이 밭 동산에 앉아서 멀리 바다를 바라다보며 자랐다.

한여름에는 우리 집 주변이 습한 곳이라서 모기가 극성을 부리므로 저녁이 되면 자리와 담요를 들고 바닷가로 나가서 넓적한 바위에 잠자리를 잡고 잔잔한 파도 치는 소리를 들으며 잠을 자고 새벽에 일어나 집으로 돌아온다. 바닷가에는 모기가 없어서 단잠을 잘 수가 있었다.

그것이 인연인지 마음이 울적해지면 바다를 찾는 버릇이 몸에 밴 것 같다. 특히 긴긴 여름날의 하루하루는 시간 보내기가 무척 힘들어 오전에는 무엇인가 뒤적거리다가 오후 3시가 지나면 일이 손에 잡히지 않으니 마음이 울적해지고 밖으로 나가고 싶어져서 바다로 차를 달린다.

바닷가에 앉아서 멀리 바다를 바라보노라면 소년 시절의 꿈같은 것이 떠올라 마음을 웅성거리게 한다. 외항선을 타고 멀리 외국의 항구에 들러 도시를 들러보는 생각을 해보기도 한다. 바다 위에는 멀리 수평선 너머에서부터 집채 같은 큰 배가 다가오기도 하고 그리던 사람의 얼굴이 수채화처럼 크게 클로즈업되어 나타나기도 한다. 고기잡이 작은 배가 떠 있는가 하면 물결을 시원스럽게 헤치며 달리는 보트도 있다. 바다는 언제나 살아 있다. 배를 띄워 나아가게 하고 물결은 쉴 새 없이 출렁거린다. 가까이 바위를 보면 물결이 밀려와 부딪쳐 하얀 물보라를 이루며 부서진다. 지자요수(知者樂水)라드니 물이 출렁이는 것을 보면 자연히 사람의 꾀가 발달되지 않을 수 없으리라.

일본에 살 때에는 오아라이(大洗) 바다를 자주 찾았고, 서울에서 살던 때에는 바다를 보러 인천 연안부두로 가거나, 강화도를 자주 찾았다. 어쩌다 썰물에 걸리면 갯벌밖에 볼 수 없지만 멀리 서해의 대해를 바라보면서 향수를 달래곤 하였었다. 바다는 바로 나의 고향이었다.

20년 가까이 객지에서만 살다가 고향에 돌아와서 내가 놀던 곳 바다를 찾았더니 옛 자취를 찾을 수 없게 변해버렸다. 여름밤에 단잠을 재워주던 넓적한 바위도 없어지고 바다로 뻗은 모래 벌도 없어지고 숨북이 밭도 사라져버렸다. 관광을 위하여 해안도로를 내는 바람에 옛날의 자취는 모두 사라지고 시멘트 옹벽으로 바다를 막아버렸다.

귀향하던 해 벌초를 마치고 해수욕을 하려고 바다에 들었더니 갯가에는 하얀 백화현상이 진행되어 파래나 넘패 같은 해초나 바위틈에 살던 따개비나 말미잘 같은 생물은 사라지고 말았다. 짠물을 헹구던 용천수도 나오지 않고 그 자리는 메워져서 자취를 찾을 수 없었다.

인간의 욕구가 자연을 이렇게 파괴하고 말았구나! 아쉽기 한이 없었다.

나이가 들면서 다리가 아프기도 하고 뼈가 쑤시기도 하니 8월 초순 사리 때에는 종달리 바다로 가서 게를 잡는다. 게에는 키토산이 다량 함유되어서 뼈가 아픈 데에는 효험이 있다고 해서 옛날부터 많이 쓰였다. 제주도 해안 어느 곳에서나 게를 잡을 수는 있겠으나 종달리 바다는 주변에 해안을 오염시킬 시설이 없을 뿐 아니라 썰물에 500여 미터 이상 물이 내려가므로 비교적 깨끗하다고 생각되기 때문에 이곳을 찾게 된다.

11시쯤에 그 해안가에 가서 점심을 하면서 앞에 펼쳐진 우도 섬을 바라다보기도 하며 성산포에서 우도로 가는 도선의 내왕이나 지나가는 배들을 바라보노라면 물이 빠지기 시작한다.

물이 빠지는 대로 물가를 따라가며 게를 잡는다. 물속이라서 뜨거운 햇살에도 더운 줄을 모른다. 이따금 물속으로 몸을 담가서 해수욕을 한다. 게를 잡아다가 게 죽을 끓여 먹어서 병도 치료하고 해수욕도 하곤 하며 여름 한때를 이렇게도 보내었다.

그런데 2011년 3월 11일 오후 3시경 동일본 대진재 때의 대쓰나미가 밀려오는 영상을 생각해본다. 검은 바다 물결에 떠내려가는 집채, 산 위에 처박힌 커다란 선박이나 자동차, 그리고 2만여 명의 사상자와 30만여 명의 피난민의 발생, 후쿠시마 원자력발전소의 대폭발 등등 생각하기에도 끔찍한 대재앙이었다.

대양은 인간에게 축복이 되기도 하지만 이처럼 엄청난 재앙을 펴기도 하는 것일까?

만일 완만한 경사를 이룬 제주도 해안에 10미터나 되는 대쓰나미가 밀려온다면 어떻게 해야 할 것인가? 해안에 가까이 있는 모든 촌락은 어떻게 될 것인가? 두렵다.

자연의 재해는 사람의 힘으로 근본적으로 막을 수는 없다고 해도 준비가 되어 있다면 피해를 최대한 막을 수는 있을 것이 아닌가 생각한다.

아 우면산! 그때가 그립다

20년이나 이전의 이야기이다. 나는 80년대 초부터 90년대 중반까지 16년을 우면산에서 북서쪽인 남부순환도로에서 200미터쯤 떨어진 방배동에서 살았다. 우면산이 집에서 가까워서 80년대 후반부터 휴일이면 거의 우면산을 찾았다.

내가 다니던 길은 두 코스였는데 하나는 남부순환도로 입구로 입산하는 코스이고 다른 하나는 산 남서쪽 보덕사 앞으로 입산하는 것이다.

때로는 남부순환도로 입구에서 올라 산을 넘어서 보덕사 앞으로 내리기도 하였다.

새벽 남부순환도로 입구에서 입산하여 어두컴컴한 나무 아래 좁은 길을 올라가노라면 앞에 가는 사람도 있고 벌써 내려오는 사람도 보인다. 산에서는 누구든지 먼저 본 사람이 큰소리로 인사를 하는 것이 불문율로 되어있다. 어두워서 사람을 알아보지 못하는 수도 있기 때문이라 한다.

이른 봄이면 산수유꽃이 노랗게 피어서 봄을 알려주기도 하고 숲 속에는 이름 모를 야생화가 곱게 피어 마음을 즐겁게 해주기도 한다. 올라가다가 나무 사이로 하늘을 처다보면 마치 내가 하늘로 붕 떠오르는 듯한 쾌감을 느낄 수도 있었다.

여유가 있는 휴일에는 다른 코스로 우면산을 오른다. 그때 우면산 남서쪽에는 논과 밭이 펼쳐진 들판이 있고 채소를 재배하는 농원도 있었다. 그 사이사이에 초라한 집을 짓고 사람들이 사는 작은 동네가 있었다. 우리 내외는 들판 길을 따라서 보덕사 앞을 지나 남서쪽 능선으로 오른다. 한 20분 정도 오르면 매우 가파른 길을 기듯이 다시 올라가서 약수터에 이른다, 내려오는 길에는 농원에 들러서 채소와 과일을 싸게 사고 오곤 하였었다.

그때는 약수터에 간단한 운동시설이 있을 뿐 그야말로 산이었다. 약간 계곡 가로 난간이라도 설치했으면 좋을 것 같으나 그런 일까지 손을 쓸 만한 여유가 없었을 것이다. 그런 만큼 산이 산다워서 좋았다고 생각한다.

나는 언제나 배낭에 물통을 지고 간다. 수돗물보다 좋은 약수를 뜨기 위해서이다. 이 약수로 동치미도 만들고 물김치도 만들어 먹었다. 한 참 올라가 약수터에 이르면 이미 줄지어진 물통을 차례로 놓고 운동을 하며 사람들과 담화도 나누곤 하였다.

이곳에는 유명 인사들이 많이 오는 곳이기도 하다. 잊을 수 없는 것은 어두운 나무 아래를 자그만 몸매에 중얼거리며 가는 노인이 있었다. 그 뒤를 천천히 따르며 들으니 옛날 서당 훈장님이 한시를 읊던 그 소리와 닮은 한시 '마상봉한식(馬上逢寒食)'이란 시를 읊으며 올라가는 사람이 있었다. 나는 젊었으니 그 옆을 지나며 인사를 하고 먼저 약수터에 올랐다. 미리 와있던 H 씨와 인사를 나누고 있는 사이에 그 노인이 올라왔다. H 씨는 "안호상(安浩相) 박사 오셨군!" 하시더니 다가가 인사를 한다. 그제야 아 저분이 안호상 박사로구나 하고 나도 다시 인사를 했다. 그는 그때 90세인데도 종종 이 산을 오른다고 하셨다. 나는 사진으로는 봐왔지만 실 인물은 본 일이 없으니 알아볼 수가 없었으며 게다가 연세가 90이라고 하니 놀라지 않을 수가 없었다. 그는 항상 이 산을 오르며 97세의 천수를 누리셨다.

70년대 중반부터 내가 존경해마지 않는 교육계의 원로이시며 교육감도 역임하시고 현역 국회의원이기도 한 H 씨도 자주 오시며 한나라당 극우 의원이라는 평을 받던 K 씨도 거기서 선거운동을 하던 것을 기억한다.

내가 다니지 않은 20년 가까운 세월에 산은 인간의 탐욕의 갈고리로 헐리고 찢기어서 2011년 7월 27일 아침 10여 명의 사망자와 500여 명의 부상자를 내는 놀랍고 처참한 산사태를 빚어내게 된 것이 아닌가.

이 산은 서울 남부의 허파 구실을 하고 시민이 쉽게 찾아가서 휴식과 운동을 하는 더없이 좋은 공간이었다. 나 또한 깊은 산으로 산행은 하지 못해도 이 우면산은 적어도 10여 년 동안 백 수십 번은 오른 곳이다. 그래서 그렇게 좋은 산이 재앙을 일으키는 산으로 돌변하여 두려움의 대상이 되어버리다니 재난이 없이 산 그대로였던 그때가 그리워진다.

『장자』에 이런 우화가 생각난다.

어느 날 남해에 사는 숙(儵)이라는 신과 북해에 사는 홀(忽)이라는 신이 중앙에 사는 혼돈(混沌)이라는 신을 방문하였다. 중앙의 신인 혼돈은 이들의 방문이 하도 반가워서 후히 대접하였다. 그러자 이 후한 대접을 받은 숙과 홀이라는 신들은 그 후한 대접에 사례하기로 하였다.

"원래 혼돈은 눈도 코도 입도 없으니 얼마나 불편하겠는가?" 하고, 보통의 인간처럼 눈과 코와 입 등 구멍을 뚫어 주었다. 그랬더니 그만 혼돈은 죽고 말았다.(장자 내편 응제왕)

산은 자연 상태에서 우리 인간에게 연료, 맑은 물, 깨끗한 공기, 아름다운 동식물, 아름다운 풍치, 심리적으로 안정과 풍요 등 수없이 많은 혜택을 주고 있다. 그런데 인간은 산이 원하지도 않은 제 마음대로의 욕구를 충족시키기 위하여 무리하게 눈과 코와 입 같은 구멍을 파듯이 헐고 있어 산이 그대로의 산이 아니고 죽은 산이 되어가고 있으니 잠자코 있을 이가 있겠는가? 전국 여러 곳에서 볼 수 있는 난개발이 빚어낸 재앙이 아닌가.

이 우면산은 어떻게 복원될 것인지 걱정이다.

내일은 쾌청하다

“인생은 고해다.(人生苦海)”란 말이 있다. 사람이 살아가는 데에 괴로움이 끊이지 않은 이 세상을 거친 파도가 끊이지 않은 바다에 비유한 말이다.

산다는 것은 만만치 않다. 물가는 오르고 살림은 졸아들기만 한다. 게다가 직장이나 조직 속에서 상사와의 눈에 보이지 않은 갈등으로 스트레스를 받기 쉽다. 가족들 사이에 걱정거리가 그치지 않는다. 이런 것이 곧 ‘인생은 고해’라는 말이 생기게 된 이유가 아닐까.

하기는 일체유심조(一切唯心造)라 하듯이 생각하기에 따르겠지만, 보통은 걱정이 없는 사람이란 없을 것이다.

이처럼 걱정이 있을 때는 하늘을 보라.

나는 여러분에게 하루에 한 번쯤은 하늘을 쳐다보기를 권하고 싶다.

나는 요즘 매일 아침 다섯 시 반이면 집을 나서서 이도지구를 한 시간 정도 걷는다. 걷는 것이 운동이 되기도 하지만 아침의 맑은 하늘을 바라보는 것이 즐겁다.

쾌청한 하늘에 아침 햇살을 받은 채운이 흘러가고 한라산 위로 멀리 비행기가 날아갔던 자취가 보이기도 하고 때로는 비행기가 하얀 궤적을 남기며 날아가는 것을 볼 수도 있다. 동남아의 어느 도시에서 자정쯤에 출발하여 서울로 가는 비행기일 것이다. 그 도시의 풍경들이나 그 비행기를 타고 여행하는 사람들의 여정에서 일어난 일들을 상상하며 가슴에 쌓인 스트레스를 털어버리고 맑은 마음으로 하루를 출발한다.

하늘이 언제나 맑은 것만은 아니다. 때로는 검은 구름이 하늘 가득히 덮어 꼼짝도 하지 않는 아침도 있다. 그러나 바람 따라 구름이 흘러가는 사이사이에 푸른 하늘을 볼 수도 있고 구름이 그림을 그리는 것을 볼 수도 있다.

비구름과 바람이 몰아치고 우레와 번개를 치는 날도 있다.

태풍이나 회오리바람 같은 무서운 현상도 저 하늘에서 일어난다.

그야말로 변화무쌍한 현상을 일으키는 곳이 하늘이다. 언제나 쾌청한 하늘만 보이는 것은 아니지만, 내일은 쾌청한 하늘을 볼 수가 있다는 확신을 가지게 한다. 인생도 이와 같지 않은가 하고 생각해 보라. 내일은 쾌청하다는 믿음을 가져야 한다.

자연으로부터 떨어진 도회에서 살고 있으면 아무래도 마음의 여유가 없어지기 쉽다. 그럴 때 눈이 시릴 듯이 투명한 파아란 하늘빛, 하염없이 떠가는 하얀 구름, 뺨을 스치는 바람 등이 상한 마음을 치유해주고 미래의 희망찬 계시를 준다.

하루에 한 번쯤은 하늘을 우러러 쳐다보고 싶다.

그제는 먹구름이 드리워지더니 어제는 그냥 흐리고 오늘은 간간이 하늘이 보인다. 그러나 내일은 하늘이 쾌청할 것이다. 나만이 걱정 속에서 헤어나지 못한다고 생각하지 마라. 누구나 걱정을 하지 않은 사람이 있으랴 하고 생각해보라.

자기 주변의 인간관계만을 보고 오늘의 곤경만을 생각하여 스트레스를 느끼기보다 구름이라도 쳐다보는 것이 정신위생에 좋을 것이다. 한 번만이라도 자연의 광대함 신비스러움을 느끼는 것으로 자신을 인간세계의 어수선함, 걱정, 한탄으로부터 해방시키고 싶다.

무변광대한 이 우주의 한 점인 지구에서 유구한 인류의 역사 속의 찰나를 사는 우리로서 인생불만백인데 상회천세우(人生不滿百, 常懷千歲憂)이리오. 곧 백 살도 못 사는 인생을 항상 천 년의 걱정을 품고 살 필요가 있으리오.

"내일은 쾌청하다."는 말은 미래는 좋아질 것이라는 확신을 가지고 작은 일에 마음 꺼리지 말고, 시원하게 마음을 맑게 하여 살아가자는 것으로 나의 제언이기도 하다. 짧은 인생 자그만 내 몸이지만 이쯤의 파도에 난파해서 될 것인가. 내일에 희망을 걸고 살아야 하리라. 그것이 나의 육신과 정신 건강의 비결인지도 모른다.

4부

교단낙수教壇落穗

바람직한 인성의 내면화

오늘 교육감님을 비롯하여 교육장님 그리고 여러 교장, 교감 선생님과 관계 여러 선생님을 모시고 우리 학교 인성 교육 시범 운영 보고를 드리게 됨을 영광으로 생각하며 감사의 말씀을 드립니다.

다 아시다시피 본교는 1992년 3월 20일에 개교하여 이제 만 5년하고 반년이 됩니다. 그동안에 보시는 바대로 체육관, 급식소가 새로 지어졌습니다. 그러나 제주시가 추진해온 학교 정문 앞 도로의 확장계획과 교지 내의 분묘 이장 문제가 풀리지 않아서 아직도 교지는 정리되지 못한 형편입니다.

내년도에는 이 문제가 다 해결되어 본격적으로 교지 정리가 이루어지겠습니다. 헤아려 주십시오.

성현의 말씀에 "인간은 오직 교육에 의해서만 인간이 될 수 있다."는 말이 있습니다. 지나간 날의 우리 교육은 얼굴이 제각기 다르듯이 개성이 다른 인간을 획일적인 기준에 맞도록 공장 제품화함으로써 근대화 산업화의 사업에 하나의 기계처럼 쓸 수 있는 인간만을 만들어 왔습니다.

우리 교육은 단순히 사회적인 직업의 위상을 중시하는 전통에 바탕을 두고서 지식만을 중시하는 교육을 중요시하게 되었었습니다. 학교는 지식만을 중시하는 입시교육에 몰두함으로써 개성이 다른 인간을 그 개성에 맞도록 가르침으로써 창의성을 계발하고 올바른 인성을 함양하여 바른 인간을 육성해야 하는 교육의 본질을 망각하기에 이르렀었습니다.

이제 우리는 인성 교육이 중요함을 절실하게 재인식하고 먼저 전통적인 우리의 가치관에 따라 바람직한 인간성을 함양하여야 한다는 절박감으로 인성 교육 자율 시범학교를 운영하게 되었습니다.

시범 운영의 대과제는 학생 자발적인 동기를 유발하여 직접 행동으로 체험하게 하며, 교사의 잠재적 교육 역량의 활용과 교과 지도에 있어서의 인성 지도를 통하여 감성으로 느껴지는바 바람직한 인성을 내면화시키고, 그것이 자기 인격 형성의 한 요소가 되어서, 생활 태도로 정착되고 실천궁행할 수 있도록 하는 데 주력을 기울여 왔습니다.

과학적으로 계측할 수 없는 심리적 내면의 변화 그리고 행동의 변화를 목표로 하기 때문에 참관하시는 여러분께서 헤아려 평가하여 주시고 충고와 격려하여 주시기 바라면서 인사를 드립니다. 감사합니다.(공개 발표회 인사)

'학교 폭력' 유감

요즘 '학교 폭력'이 큰 사회문제로 논의되고 있다.

내가 기억하기로는 20여 년 전에 일본에서 '이지메(괴롭히기)'가 극성을 부려서 큰 사회문제가 되었었는데 얼마 없어 우리나라에서도 이런 사안이 발생하여 문제가 되고 있다, 이는 점차 '왕따'라는 말로 표현되는 사회 문제가 되고 최근에 이르러 학교에서의 집단 따돌림, 괴롭힘, 나아가서 폭력으로 번져서 잊을 사이도 없이 자살하는 학생이 생겨나고 있어 '학교폭력'이라 하여 큰 문제로 대두되고 있다.

있어서는 안 될 일이지만 학교에서 또는 학생들 사이에서 '이지메'나 '왕따' 또는 '폭력' 같은 일은 예전에도 있기는 했었다. 그러나 그 정도가 심하지도 않을 뿐 아니라 학생들 사이에서 조정 진정

되었었다.

요즘 이 문제를 두고 여러 가지가 논의되고 있는데 먼저 그 원인이 어디에 있는지를 생각해보고 그 원인을 제거하려는 노력을 아끼지 말아야 하리라 생각한다.

첫째의 원인은 급격한 사회의 변화이다. 한마디로 말하자면 우리 사회가 전통적인 윤리의식을 외면하고 지나치게 급진적으로 서구화 특히나 미국화하고 있다는 점이라고 본다. 사회가 좋은 방향으로 진화하는 것은 바람직하지만 고유한 미풍을 버리고 새것만을 찾는 것은 언젠가 문제가 야기될 수밖에 없다. 말하자면 횡적인 윤리의식이 현대사회의 기조라하지만 종적인 윤리의식을 주로 하여 온 우리 사회가 횡적인 관계로 변화하는 데에는 문제가 있다. 옛날에는 그릇된 행동을 하면 주변 어른들이 야단을 치고 교정해주었다. 어른들이 동네의 청소년들을 남의 자식처럼 보아 넘기지는 않았었다. 그러나 요즘은 이웃 청소년이 못된 짓을 하더라도 모른 척해야 하는 것이 미덕인 것처럼 여겨야 하는 시대가 되고 말았다. 청소년들에게서 웃어른을 공경하거나 두려워하는 태도를 찾아볼 수가 없게 되었다.

둘째는 황금만능의 의식이 팽배하여 기업도 상도의를 무시하고 부를 축적하기에 혈안이 되고 있으며 권력을 가진 정치인들이나 고위 공직자 등 사이에 부패로 얼룩진 세상이 되었고 사실 돈으로 안 되는 일이 없는 듯한 세상이 되고 말았다.

셋째는 연예의 흥행이나 컴퓨터 게임 등이 청소년을 그릇된 길로 유인하는 결과를 낳고 있고, 청소년의 의식 수준도 고려함이 없이 청소년이 알아서 유익하지 않은 불미스러운 기사가 여과 없이 방송되고 있기도 하다.

넷째는 자녀 수가 감소되어서 형제자매가 한 가정에서 다투기도 하고 돕기도 하는 환경에서 자라며 남을 배려하는 마음을 배우지 못하고 귀공자나 공주처럼 자라는 청소년이 증가하고 있으니 극기심을 키우고 어지간한 고통에는 인내하는 힘을 획득하지 못하고 있다고 본다.

이상의 문제들은 국가와 사회가 깊이 인식하고 법과 제도로 대책을 강구해야 할 것이다.

우선 시급하고 가장 중요한 것은 청소년이 오랜 시간을 보내는 가정이나 학교가 제 기능을 다하지 못하고 있다는 점이다.

어느 동화작가이면서 고등학교 교사인 C 씨의 글에서 상담하는 도중 학생이 했다는 말이 가슴 아프게 한다.

곧 "선생님, 제가 학교에 다니는 십몇 년 동안 선생님들이 도움된 적이 있는 줄 아세요? 천만에요. 선생님도 똑같아요!"하고 상담하던 자리를 떠나고 말았다는 것이다.

학교가 교사가 얼마나 학생의 사정을 파악하고 지도하려 했었는가?

사실 요즘 학교 교사는 억제력을 가지고 있지 못하다. 체벌이 금지되어서 교사는 외경의 존재가 되지 못하고 있다. 최근에는 학생이 교사에게 덤벼들고 때로는 때리는 일까지 일어나고 있다. 몰지각한 학부모의 교사 경멸 경향이 심각하다. 마치 교사의 직업은 학생의 비위를 맞추어야 하는 서비스업처럼 되어버렸다.

인권이라는 미명 하에 소위 '학생 인권 조례' 같은 것을 만들어 학교 교사의 교권을 억제하고 있으니 개념이 없고 도덕의식이 박약하며 스스로 판단할 수 있는 능력을 갖추지 못한 학생이 교사의 지도를 따르지 않게 되고 말았다. 아무리 교사가 몰지각하다고 한들 학생의 기본 인권을 무시하고 무턱대고 체벌을 가하는 일이 있을 것인가. 옛날부터 제 자식은 남의 자식과 바꾸어 교육하여야 한다고 했다. 교사를 믿어야 한다. 교사를 믿을 수 없다면 그 사회의 미래는 기약할 수가 없다.

어느 때보다도 요즘 학교 교사들은 그 일을 감당할 수 없다고 비명을 지르고 있다.

아무리 논의를 하더라도 집단 따돌림이나 학교폭력을 예방하고 근절시키는 가장 중요한 기관은 가정과 학교이다. 학교에서 교사의 권위를 도로 찾아 주어서 학생은 교사를 존경하고 교사는 학생을 애정으로 선도하고 지도하는 학교 풍토를 만들어 주어야 한다. 학생이 주로 생활하는 곳이 학교이니만큼 교사는 학생들을 잘 관찰하고 불미스러운 징조가 나타날 때는 즉시 헌신적으로 지도에 당하는 열심을 가지게 해야 한다.

우선 학교의 교사를 믿고 책임을 지고 학생을 지도할 수 있도록 해야 한다. 유약해진 학생들로 하여금 극기심을 기르기 위하여 적극적인 극기 훈련이나 노작교육 프로그램을 그리고 의식 수준을 높이기 위한 명상 프로그램 등을 학교가 적극적으로 실시할 수 있도록 해야 한다고 생각한다. 그리고 가정에서는 학교 교사를 믿고 자녀를 학교에 맡기고 적극 협조하는 자세를 가져야 한다.

사안이 벌어져서 그것을 처리하려는 노력보다 중요한 것은 예방이며 건전하게 우리 청소년을 육성하는 일이 더 중요하다.

분발하지 않으면 깨치지 못한다

새봄이 오고 신학기가 되어서 새로운 학년 또는 새로운 상급학교에서 공부하게 되거나 새로운 직장에서 일하게 되는 계절이 되었다.

공부하는 경우 주어진 교육과정에 그냥 따라가는 것만으로는 충분한 자기 학습을 이룰 수가 없다. 한 단계를 높여서 자주적인 연구과제를 정하거나 새로운 문제를 창의적으로 계발해 나아가야 한다. 또한, 새로운 직장에서 일하는 경우에도 주어진 일에 수동적으로 지시만을 따르지 말고 독창적인 일거리를 계발하여 일하려고 하는 자세가 바람직하다.

『논어』에 "불분불계(不憤不啓)"라는 말이 있다.

'분(憤)하다'라 함은 마음속으로 파고들어 가는 충실한 욕구를 말하는 것으로 곧 마음속 깊은 곳에서 바라는바 욕구가 충실하지 않으면 알고자 하는 바를 깨치지 못한다는 뜻이다.
긴장하여 돌파구를 구하는 정열이 없는 사람에게는 문이 열리지 않는다. 두드려야 문은 열린다. 가르침을 받는 자는 이해하기 위하여 애쓰고 괴로워하고 추구하는 정열이 없으면 열어 깨우쳐도 헛일이 된다. 알려고 애쓰고 분발함이 꼭 있어야 인식의 문이 열린다.

초나라의 실권자인 섭공(葉公)이 공자의 제자인 자로(子路)에게 “당신의 스승인 공자는 어떤 사람이요?” 하고 물었으나 알맞은 대답을 하지 못하였다고 공자님께 여쭈었더니 공자님이 말하기를 “발분망식(發憤忘食)하는 자라고 대답하지 그랬느냐?” 하고 말하였다 한다.
공자님은 분함을 일으켜서 일에 임하여 식사하는 것마저도 잊어버리는 사람이라고 소개해 주기를 바랐다. 그런 정열이 있었으므로 학문적 교육적 업적을 이룬 것이다.

우리가 성공하려면 하는 일에 참된 의의를 깨닫고 애타는 마음으로 열심을 다해야 한다. 시간이 가기를 바라거나 요행을 바라지 말고 닥치는 난관을 뚫고 나가려는 애타는 노력을 해야 한다.

좌우명

좌우명(座右銘)이란 자리 오른쪽에 붙여 놓고 반성의 자료로 삼는 격언(格言)이나 경구(警句)를 말한다. 그러나 원래는 문장(文章)이 아니라 술독을 사용했다고 한다.

제(齊)나라는 춘추오패(春秋五覇)의 하나였던 환공(桓公)이 죽자 묘당(廟堂)을 세우고 각종 제기(祭器)를 진열해 놓았는데 그중 하나가 이상한 의기(欹器)라는 술독이었다.

이 술독은 텅 비어있을 때는 기울어져 있다가도 술을 반쯤 담으면 바로 섰다가 가득 채우면 다시 엎어지는 술독이었다.

『순자(荀子)』의 유좌편(宥座篇)에 말하기를

"유좌의 그릇이란 비면 기울고 중간이면 바로 서고 가득 차면 엎어진다.(宥座之器者、虛則欹、中則正、滿則覆)"고 하였다.

우리의 행동은 기울어지지도 말고 엎어지지도 말며 언제나 바르게 있어야 한다. 그런데 가득 차면 엎어진다는 것을 명심하게 하는 그릇으로 좌우명을 삼았던 것이 '유좌의 그릇'인 의기(欹器)였다.

하루는 공자(孔子)님이 제자들과 함께 그 묘당(廟堂)을 찾았는데 박식했던 공자도 그 술독만은 알아볼 수 없었다.

담당 관리에게 듣고 나서 그는 무릎을 쳤다.

"아! 저것이 그 옛날 제나라 환공(桓公)이 의자 오른쪽에 두고 가득 차는 것을 경계했던 바로 그 술독이로구나!"

그는 제자들에게 물을 길어와 그 술독을 채워보도록 했다. 과연 비스듬히 세워져 있던 술독이 물이 차오름에 따라 바로 서더니만 나중에는 다시 쓰러지는 것이 아닌가.

공자(孔子)님이 말씀하셨다.

"공부도 이와 같은 것이다. 다 배웠다고(가득 찼다고) 교만을 부리는 자는 반드시 화를 당하게 되는 법이니라."

집에 돌아온 그는 똑같은 술독을 만들어 의자 오른쪽에 두고는 스스로를 가다듬었다고 한다.

은나라 탕왕(湯王)은 세숫대야에 "일일신우일신(日日新又日新=날마다 새로워지자)"이라고 새겨 넣고 세수할 때마다 이 명구를 새겼다 한다.

나는 "자율(自律)과 성실(誠實) 곧 스스로 성실히 하자."는 것을 좌우명이고 행동 규범으로 하여 적어도 30대 후에는 이 규범을 지키려 노력했다. 의기(欹器)를 생각하여 자율이라고 하여서 방종하거나 독단으로 가지 말아야 하고 성실하다고 해서 고집불통이 되어서는 안 된다는 것은 물론 성실히 대해야 할 대상으로 우선은 사람이고 다음은 자연이고 그다음은 일이다. 그 대상에 맞추어 성실함을 다해야 한다는 것이 행동의 한계이다.

물론 이것은 우리 집안의 가훈이기도 하다.

재주이거나 지식이거나 돈이거나 가득 차더라도 엎어지지 않고 바른 상태를 유지 할 수 있도록 처신할 수 있게 유의해야 할 것이다.

오히려 '교권강화조례'를 만들어야

최근 TV, 신문, 인터넷에 연일 못된 아이들의 부정적인 행태가 보도되고 있다.

곧 꾸짖는 교사에게 "네가 뭔데" "법대로 해"라 한다든지, 교사가 나무라면 "야 찍어" 휴대전화 꺼내어 동영상을 찍으려 하는 일이라든지, 교사가 판서하는 사이에 앞에 나와 춤추고 주먹총 놓고, 여선생 엉덩이 만지거나 스커트 밑으로 팬티 사진 찍기, 5초 엎드려뻗쳐로 교사가 불문경고를 받고, 학생의 교사를 폭행하여 8주 진단의 상해를 입히는 등등 이전 같으면 상상도 할 수 없는 일들이 벌어지고 있어서 요즘 학교는 건국 이래 교권이 한없이 떨어져 나락에 빠져있다.

학교 내에서의 체벌을 금지한 때문에 일어나는 행위들이다. 엄밀히 따지고 보면 체벌은 형법상 범죄(폭행죄, 상해죄)에 해당될 수도 있으므로 당연히 금지되어야 할 것이라 생각한다. 그러나 전통적으로 가르치는 일을 교편을 잡는다고 해서 학생의 잘못된 행동에 대해서 채찍을 가하는 것이 당연시되어 왔던 것이 사실이었다. 이처럼 오랜 관습이었던 체벌을 금지함으로써 오는 폐단을 없애려는 조치를 당연히 취했어야 할 것인데 이에 대해서는 특별한 조치가 없으므로 일어나는 부정적 행태라 생각한다.

원래 학교 조직은 규범적 조직으로서 이념이나 규범에 동의하고 스스로 내면화하지 않으면 유지될 수 없는 조직이다. 학교에는 건학이념이 있고 교칙이 있으며 교사는 학생을 사랑하고 학생은 교사를 존경하며 학부모는 학교와 교사를 신뢰하고 교사는 학부모를 신뢰하고 협력의 주요 대상으로서의 조건이 갖추어져서 비로소 교권이 확립되고 소기의 교육 목적을 달성할 수 있게 된 조직이다.

학생은 자신의 지적인 성장과 인간적인 인성의 계발과 도덕적 품성의 함양 및 습관화 등 바람직한 성장을 위하여 학교에 다니는 것이다. 성장하는 과정에서 아직 선악 시비를 독자적으로 판단할 수 없는 상태에 있는 것이 학생이다. 이들에게 인권이라는 사려로서 체벌을 금해서 자유방임을 허용해 버린다면 매시간 또는 과제마다 교육계획이 있어서 그에 따라 실시되는 교육활동을 효과적으로 통제하지 못하게 되고 결국 교육의 효과를 거양할 수 없게 될 것이다.

민주사회는 자유와 권리를 주장하는 반면에 의무와 책임이 수반되는 것이 당연한 일이다.

배우는 학생으로서 당연히 지켜야 할 의무와 책임을 다하도록 하기 위하여 오히려 교권강화조례를 만들어야 할 것이다.

절망에 고민하는 사람을 위하여

우리는 살아가면서 여러 가지의 장벽을 만나며 좌절과 희열을 맛보며 살아간다. 소망하는 바가 이루어졌을 때는 희열감을 느끼며 전도에 성취만이 있을 것 같은 착각에 잠기기도 한다. 그러나 우리의 주변에는 취업을 못 해 고민하는 사람, 빚에 쫓기는 사람, 도덕적으로 양심의 가책을 받는 사람, 건강을 잃고 고통에 시달리는 사람, 이상을 실현하지 못해 고민하는 사람, 배신을 당하여 괴로워하는 사람, 이상의 반려자를 만나지 못하여 고민하는 사람 등등 갖은 장벽에 부닥쳐서 절망하는 사람이 있다. 그들은 자신에게만 이러한 불행이 닥치는 것 같은 마음에서 지나치게 좌절하고 절망하며 고독을 느끼게 된다. 그러나 알고 보면 사람의 개성이 제각각 다르듯이 놓인 환경이나 처지는 제각각 달라서 나름대로 고민이나 좌절을 느끼지 않는 사람도 없다는 것을 알아야 한다.

몇 가지 예를 생각해보자. 사람은 누구나 이상의 결혼, 좋은 배우자, 사랑스러운 2세의 탄생을 바랄 것이다. 그러나 좋은 인연을 만나지 못하여 독신으로 살았다 하더라도 비관할 일은 아니라고 생각한다. 교양을 높이고, 확실한 신념을 가지고 살면, 반드시 의의 있는 삶을 보낼 수 있다고 확신한다.

영국의 오랜 속담에 "한 마리 한 마리의 모든 새들에게 자기가 자랑하는 노래를 부르게 하자."라는 것이 있다. 참새에게는 참새의, 까마귀에게는 까마귀의 우는 방법이 있을 것이다. 모두 꾀꼬리의 우는 방법이 아니라도 좋다. 그대는 생애에 무슨 노래를 부르고 싶은가?

한때 절망의 밑바닥에 떨어지더라도 반드시 그 암흑에서 기어오를 수 있는 능력이 인간 모두에게 주어졌다고 생각한다. 실제 어떤 천재나 위인이라도 모두 견딜 수 없는 역경이나 참기 어려운 괴로움의 골짜기에 서서 비로소 자기에 눈뜨고 세상의 진실을 인식하게 되는 것이라고 생각한다.

헤르만 헤세는 한 때 자살의 유혹을 넘어서 다음과 같이 쓰고 있다.

"신이 인간에게 절망을 주는 것은 그 사람을 죽이려는 것이 아니고, 새로운 생명을 불러일으키기 위해서이다."라고.

나는 작은 의원에서 직장암일 것이라는 의사의 진단을 받고 더 큰 병원에서 검사를 받은 일이 있었다. 만일 "그것은 오진이었습니다."고 말했다면 그 순간 나의 기쁨, 행복감은 폭발했을 것이다. 그러나 "암입니다."라는 선고를 받고 실제로 직장 적출 수술을 하여 치료를 한 경험이 있다. 처음 암이라는 진단을 받았을 때는 "이젠 내 생이 다 되는구나." 하고 절망했지만 좌절하지 않고 수술의 고통이나 치료의 번거로움과 고통을 극복하고 나니, 다행한 일이라고 생각되었다.

사람은 "행복하다고 느낄 때 행복하고, 불행하다고 느낄 때 불행" 한 것이 아닌가 생각한다.

넓은 세계에서 사람들은 모두 행복해지고자 간절히 바라고 있다. 그러나 자신이야말로 행복하다고 선언할 수 있는 사람은 의외로 적은 듯하다. 사람들은 먼저 스스로를 행복하다고 믿어야 할 것이 아닌가 싶다. 불가에서는 일체유심조(一切唯心造)라 한다. 모든 것이 생각에 달렸다는 교훈의 말씀이다.

『명심보감』에 천불생무록지인하고 지부장무명지초니라.(天不生無祿之人, 地不長無名之草) 곧 "하늘은 녹 없는 사람을 내지 않고, 땅은 이름 없는 풀을 기르지 않느니라."라는 말이 있다. 우리에게는 하늘이 내려준 봉록이 있고 은혜를 받을 권리가 부여되었으니 이를 믿어보면 어떨까. 그래도 희망은 있다는 신념으로 지금의 상황에서 절망하여 좌절하거나 스스로 나만이 불행하다는 생각을 버릴 수 있어야 한다. 인간이 희망을 잃고 절망할 때 이는 곧 사망에 이르게 되는 것이다. 세상에는 나보다도 더 불행한 사람도 있다고 생각하고 나는 이제부터 행복해지려 한다고 생각하라. 아무쪼록 "나는 지금 고민이라도 할 수 있으니 그래도 행복하다."고 생각하라.

지식과 지혜

지식과 지혜란 자칫하면 같은 말이라고 생각하기 쉽다.

그러나 잘 생각해보면 이 둘은 다른 것이 아닌가 하고 느끼게 된다.

지식이란 것은 어떤 사물 또는 사상에 대하여 논리적 근거를 가지고 알고 있다는 것이고, 지혜란 무엇이 옳고 무엇이 그른지 또는 무엇이 어떤 가치가 있는지를 판단하는 것 또는 어떤 사태에 알맞게 적용하는 힘이 아닌가 생각된다.

지식이 도구라고 비유한다면 지혜란 그 도구를 쓰는 사람의 마음이 아닐까 하고 생각된다.

한 가지 일화를 들어보자.

옛날 어떤 사람이 게으른 자에게

"너는 개미에게로 가서 그가 하는 일을 보고 지혜를 얻어라." 하고 충고했다.

게으른 자는 그 말에 대답하기를

"개미는 습성에 따라 일하고 있는 것이어서 개미를 보고 얻을 지혜란 없다. 그가 하는 일이 부지런함이라고 한 것은 당치 않다."

"그 말은 옳다. 그러나 그것은 개미에 대한 지식만을 아는 대답은 될지언정 개미를 통하여 얻은 지혜는 아니다. 자신의 게으름을 알고 부지런한 사람으로 바꾸는 것이 개미를 통한 지혜이다."

알고 있는 지식을 어떻게 쓰느냐에 따라 현명한 지혜일 수도 있고 그렇지 않을 수도 있다.

예를 들면 용접하는 기술을 알고 있는 사람은 그 용접하는 기술을 가지고 은행 금고를 뜯어 도둑질할 수도 있을 것이고, 문돌쩌귀가 부러져서 여닫지 못하는 문의 돌쩌귀를 붙여 문을 잘 여닫을 수 있게 고칠 수도 있을 것이다.

이 두 사실을 비판해 본다면 은행 금고를 뜯는 것보다 문돌쩌귀를 붙이는 것이 더 현명한 지혜가 아닐까.

한편 시간의 추이로 생각해 본다면 지식이란 대개 과거의 산물이거나 과거와 깊은 연관이 있어서 얻어지는 것인데 반하여 지혜는 어디까지나 미래지향적인 사람의 판단능력이라고 생각한다. 지식은 과거와 연관되기 때문에 대체로 정적인데 대하여 지혜는 내가 앞으로 어떻게 해야 할 것인가 하는 일과 관련되어서 동적이라고 생각된다.

그런데 최근 어느 신문에 '한국 대졸 인구비율 세계 2위인데, 대학교육 만족도는 39위에 그쳐'라는 표제 하에 다음과 같은 기사가 있었다.

"17일 IMD(국제경영개발원)의 '2011년 국가 경쟁력 보고서'에 따르면, 우리나라의 대졸 인구 비율(24~35세 인구 중 대학졸업자의 비중)은 58%로 싱가포르(68.3%)에 이어 세계 2위를 기록했다. 하지만 대학교육에 대한 수요 만족도는 39위였다."고 하고 "이 순위가 낮다는 것은 기업인이 대졸자의 교육 수준에 대해 만족하지 못한다는 의미이기도 하다."고 해설하고 있다.

이 기사는 '우리나라 대학에서는 쓸모 있는 사람을 만들어내는 데에는 39위밖에 안 된다.'는 말이 아닌가 하고 생각할 수도 있다.(?)

대학에서는 지식을 생산하기도 하고 지식을 가르치기도 하는 교육기관이다.

과연 우리나라 대학 졸업자는 지식은 있지만, 사회의 수요에 부응하는 지혜는 없다는 말인가? 하고 지식과 지혜에 대하여 새삼스럽게 생각해보게 되었다.

지식의 수준을 높이는 것은 물론 그 지식을 활용하는 지혜를 닦아 나아가야 하지 않겠는가 하고 생각하는 요즘이다.

후생가외

공자님이 살아계셨던 2,500여 년 전에도 젊은이에 대해 걱정하는 사람들이 있었던 것이리라. 말 하지면 "요즘 젊은이들은 버릇이 없다."는 식으로 말이다.

후생(後生)이란 후배(後輩)란 뜻이다. 곧 앞으로 태어나는 사람을 말한다. 가외(可畏)란 두려워해야 한다는 뜻이다.

공자님은 "젊은이는 무한한 가능성이 있는 것이다. 그래서 두려워할 만한 존재라고 말하고 기대를 걸어야 한다."고 하였다.

그러나 40, 50이 되어도 나타나는 바가 없다면 더 기대할 수는 없다. 그만이다고 했다.

젊다는 것만을 믿고 도전하지 않으면 40, 50이 되어도 이름을 내지 못하게 되기 쉽다.

혹시 노자는 "대기만성(大器晩成)"이라고 했으니 60, 혹은 70이 되어서 꽃을 피우면 좋을 것이 아닌가. 하고 생각해도 좋지 않을까. 지금은 장수시대이니까.

그러나 인간의 수명은 "생사유명(死生有命)"이라 곧 삶과 죽음은 정해진 운명이 있다고 하였으니 사람이 하고 싶은 대로 수명을 연장할 수는 없는 것이다.

그러므로 확신을 가질 수 있는 것은 '지금'이라는 현재의 현실이다.

매일 당하는 하루하루가 충실해야 한다. 주어진 환경, 형편에 따라 최선을 다하지 않으면 일은 성취할 수 없다. 오늘 새로운 무대로 진출하는 젊은이들이여 오늘에 충실하여 가능성을 찾아 불같은 욕심으로 도전할지어다.

낮잠 자는 젊은이

요즘은 주 5일 근무제가 시행되어서 근로자들에게는 여가의 시간이 많아졌다. 아침 9시에 출근해서 밤 9시나 10시에 퇴근하거나, 잔업이 밀리면 밤을 새우기도 하고 휴일을 반납하여 일했던 것이 엊그제 같은데 얼마나 살기가 좋아졌는지 생각하기에 따라서는 요순시절이 온 것 같은 착각을 하게 된다.

그런데 휴일에는 어떻게 지내고 있는 것일까? 어느 조사에 의하면 토요일이나 일요일 쉬는 날에는 아무것도 하지 않고 텔레비전 앞에서 지내거나, 낮잠을 자는 젊은이가 많다고 하니 참으로 휴일을 그렇게 보내야 할 것인지 다시 한 번 생각해 보아야 하지 않겠는가?

하기는 직장에서 일에 시달리고 상사의 감독이나 잔소리에 스트레스를 받기도 했을 터이니 휴일에는 마음 놓고 실컷 잠이라도 자고 싶을 것이다.

그런데 인간은 하루 24시간 중에서 8시간을 잠을 자고 있는데, 그도 모자라서 낮잠을 자야 한다니, 이것은 스스로 게으른 인간임을 내보이는 행태가 아닌가 한다.

"위대한 성공은 남이 쉬는 시간에 이루어진다."는 말도 있는데….

공자님이 어느 날 재여(宰予)라는 제자가 공부를 게을리하여 아프지도 않았는데 방안에 틀어박혀서 낮잠 자는 것을 보고 말하기를 "썩은 나무로는 도장을 새길 수 없다.(후목불가조야/朽木不可雕也) 내가 재여에게 꾸짖어본들 무슨 효용이 있겠느냐?" 하고 원래 사람의 됨됨이가 썩은 나무와 같이 푸석푸석하다면 교육한 보람이 없으며 아무것도 이룰 수 없다고 말하며 제자의 사람 됨됨이를 걱정하였다 한다.

나무에 새기는 것으로 가장 소중히 여겨온 것은 도장이다. 이 도장은 옛날부터 사람을 대리하는 것으로 가장 귀중히 다루어지는 물건이다. 왕권을 상징하는 것으로 옥새가 있고, 계약할 때는 반드시 도장을 찍어야 한다.

여기서 도장이란 인격 곧 사람 됨됨이를 의미한다. 나무는 인격의 주체가 되는 인간이다. 젊은이는 인생의 전 과정에서 본다면 어떠한 형태의 도장으로 조각되어가고 있다는 사실을 명심해야 한다. 수동적으로 조각되어지는 것이 아니라 스스로 자기 자신을 조각해 가고 있는 것이다. 젊은이에게는 장래가 창창하지만 게을러 낮잠이나 자는 푸석푸석한 인간이라면 그 장래를 믿을 수 있겠는가?

오로지 두뇌는 명석해야 하고, 가슴은 따뜻하고, 차돌 같이 의지가 굳어서 뜻하는 바를 향하여 끈질기게 밀고 나아가야 하며, 신체는 강건해서 어떤 고난에도 견딜 수 있는 체력을 가지고 있을 때 훌륭한 도장 다시 말해서 훌륭한 인격자가 될 수 있다.

아무쪼록 "썩은 나무로는 도장을 새길 수 없다. 나는 푸석푸석한 나무가 아니라, 단단한 나무가 되어서 훌륭한 도장을 새겨 나아가리라." 하고 결심하여 행동하기 바란다. 낮잠을 자고 있을 것이 아니라 많은 지식을 얻고, 다양한 체험을 하며 식견을 넓혀 자신의 소질과 적성을 찾아 발전시켜 나아가려고 노력해야 하지 않겠는가?

배우고자 하는 마음

사람은 배우지 않고는 무엇 한 가지도 할 수 없다. 어려서는 어버이에게서, 학교에서는 선생님에게서, 취직하면 선배에게서 가르침을 받고 배우지 않으면 독자적인 생각을 가질 수 없는 존재이다. 배우고 싶은 마음만 있으면 우주 만물이 선생님이 되고 한마디 말도 하지 않은 목석이거나 밤하늘에 빛나는 별이거나 들판이 부는 바람이나 펄펄 내리는 눈 같은 자연현상이 모두 나의 선생님이 된다.

중요한 것은 어떤 선생님에게서라도 배우고자 하는 겸허하고도 솔직한 마음과 자세를 가지는 것이며 그런 자일수록 자신의 독창력을 발휘할 힘을 얻을 수 있다.

배우고 가르치는 어떤 진실 그 자체의 지식도 중요하지만, 그것을 통하여 자기 나름의 지혜를 생산하는 공부가 필요하고 그 지혜야말로 우리 생활에 보람 있는 구실을 하게 된다.

우리가 배우는 것에는 여러 가지가 있다. 머리로 배워서 이해해야 하는 지적인 학습이 있고, 손으로 익혀서 숙달시켜야 하는 기능적인 학습이 있고, 행동으로 실천함으로써 습관화하여 몸에 배게 해야 하는 태도의 학습이 있다.

한 번 배우는 그것만으로는 잊어버리거나 애매한 이해, 어설픈 기능, 실수하는 행동에 그칠 수밖에 없다. 배운 것을 끊임없이 반복하여 복습하고 연습하고 훈련하여, 지식은 명료하게 이해하여 깨닫게 되고, 기능은 숙달되고, 좋은 태도가 몸에 배어서 체득되고 자기 나름의 지혜로 발전될 때 그 얼마나 기쁘겠는가.

공자님은 "학이시습(學而時習)" 곧 배워서 때때로 익힌다고도 하셨고, "학불염(學不厭)하고 회불권(誨不倦)하시니라." 곧 배움을 싫어하지 않고 가르침을 게을러 하지 않았다고 하셨다.

지금은 생애교육 시대라 한다. 어린이이거나 노인이거나 시간과 장소를 가리지 않고 배우고자 하는 마음을 간직하여 모르는 것은 누구에게나 겸허히 배우고자 하고 내가 알면 모르는 자에게 친절히 가르쳐주어서 지혜를 얻도록 도와주어야 하지 않겠는가.

석가탄신일에 생각하는 일

오늘은 석가모니가 탄생하신 날이다. 우리는 오래전부터 '초파일'이라 하여 기억하고 있다. 이 성스러운 날 아침에 불경의 한 대목을 생각해보고자 한다.

'관무량수경(觀無量壽經)'에 다음과 같은 이야기가 있다.

석가님 시대에 아사세(阿闍世)라는 왕자가 있었다. 아사세는 악우인 제바달다(提婆達多)의 꼬임에 빠져 빨리 왕위에 오르려고 아버지인 빈바사라(頻婆娑羅)왕을 감옥에 유폐하고 음식을 끊어버렸다.

거기에 왕비인 위제희(韋提希) 부인은 꿀과 밀가루를 몸에 묻히고 감옥에 가서 왕에게 핥게 하여 목숨을 연명하게 하였다.

그것을 안 아사세는 화를 내어서 어머니를 죽이려 했으나 두 사람의 대신이 칼자루에 손을 대고서 이렇게 말했다.

"자기가 권력을 얻기 위하여 자기를 낳아주신 어머니를 죽인 왕은 한 사람도 없다. 만일 당신이 위제희 부인을 죽인다면 나로서는 가만히 있을 수가 없다."

그 말에는 과연 아사세도 기가 죽어서 차마 어머니인 위제희 부인을 죽일 수 없어서 궁중 속에 유폐하였다. 어제까지 궁중에서 호화 현란한 생활을 하고 있던 위제희 부인은 자유를 빼앗기고 한꺼번에 탄식의 구렁에 떨어져서 석가님에게 구원을 빌었다.

"당신과 같은 성자의 친척에 어찌하여 제바달다 같은 악인이 있는 것입니까. 어떤 악연으로 나는 아사세를 낳은 것입니까. 이런 참혹한 세계에 있고 싶지 않습니다. 어떻게 도와주십시오."

위제희 부인은 몸에 걸치고 있던 금은 영락을 벗어 팽개치고 석가님에게 구원을 구했다.

고민하여 우는 위제희 부인에게 석가님은 아무것도 말하지 않았다. 미소를 지으실 뿐이었다. 빙그레 웃으니 오색의 광명이 석존의 입에서 나와서 위제희 부인을 비추고, 또 빈비사라왕을 비추었다고 한다.

너무나 슬퍼서 탄식해 어지러울 때는 무엇을 말하여도 통하기 어려운 것이다. 그러나 석가의 기개 높고 온화한 웃음을 우러러보고 위제희 부인은 조금 마음이 진정된다.
누구의 웃음이라도 스마일은 백만 달러의 가치가 있다고 생각한다. 웃음은 행복의 상징이고 사람에 대한 최고의 선물이다.

"나는 이렇게 싫은 곳에서 떠나 빨리 아미타님이 계시는 극락정토에 태어나고 싶다." 그렇게 탄원하는 위제희 부인에게 석가님은 말했다.

"위제희여, 잘 들어요, 당신이 원하는 아미타불은 십만 억 토의 피안에 있는 것도 아니고 자운이 휘날리는 서방정토에 계시지도 않는다. 가장 가까운 곳 당신의 마음속에서 감응할 수 있다. 이 세상도 아니고 슬퍼하고 있는 당신 속에 아미타불은 있지 않은가. 그 정토를 보아라." 바라는 정토는 거기에 있다.

부처님은 무한한 자비를 가지고 위제희 부인을, 일체의 중생을 반드시 안아 구제해 준다고 말씀하셨다.

우리가 끈질기게 구하는 부도 명성도 애정도 죽어서 갈 때는 어느 것도 의지할 것이 못 된다. 내 마음속에 감사하고 어려움 속에서도 미소를 지을 수 있는 여유를 가지는 것만이 구원을 얻을 수 있는 길이다.

임종할 그때 나는 행복했다. 참으로 좋았다. 감사하다고 말하고 은혜의 빛에 싸여서 죽을 수 있는 자야말로 진실로 행복한 사람이라고 생각한다. 그때야말로 영원한 생명이 빛날 것임이 틀림없다.

끝이 좋으면 모든 것이 좋다.

어버이날에 생각하는 일

이 세상에 자식이 없는 사람은 있어도 어버이가 없이 태어난 사람은 없다.
누구나 어버이의 극진한 보호와 양육 그리고 기대를 받으며 태어나 성장하였다.
어려서는 병이 들세라. 다칠세라. 마음에 상처를 받을세라. 항상 우려하며 이 자식이 이 세상에서 누구나 부러워하는 훌륭한 사람이 되기를 바라며 자식을 키웠다.

그런데 어느 조사에 의하면 오늘날 노인의 90% 이상이 자식에 의지하지 않고 혼자서 살고 싶다고 한다는 것이다. 어쩌다가 인륜 도덕과 정으로 얽혀진 가족의 윤리와 끈끈한 유대가 허물어져 버렸단 말인가. 이전에는 서구 사람들이 한국의 효도문화를 극찬해 마지 않았고 부러워했었는데 오늘날은 인륜에 거스르는 일들이 빈번히 언론의 보도거리가 되고 있으니 부모님이 재세중인 사람들은 깊이 생각해보아야 할 일이 아닌가?

특히나 오늘날 노인들은 전쟁과 가난을 극복하며 힘들이 자식을 키우고 오늘의 국가의 부를 형성한 주역이 되었던 분들이다. 한 가정에서나 사회에서 마땅히 존중받아야 할 세대들이다.

옛날 같으면 나이가 들어서 기동이 불편해지면 자식들이 봉양하는 것이 당연한 일이었고 효도의 첫걸음이었다. 그러나 오늘날은 자식이 늙은 부모를 버리는 시대가 되고 말았다. 가슴이 답답해짐을 느낀다.

살기가 어려워졌기 때문이라고 말할 것이다. 그러나 이보다도 더 살기가 어려웠던 이전에는 이토록은 하지 않았다. 사람이 달라진 것이다. 다시 말하면 인간이 변질이 되어서 야수가 되어버린 것이다. 전통적인 삼강오륜의 도덕의식은 옛것이라고 한다고 하더라도 그 근본정신만은 알고 실천할 수 있는 도덕의식이 결여된 인간으로 변해버린 것이다. 가정이 사회 형성의 근간이 되고 건전한 가정이 건전한 사회의 바탕이 된다는 의식이 교육이나 가족제도 사회제도에 깊이 박혀 있어야 할 것이다.

최근에 인권이라는 미명 하에 전통적인 가족제도에 금이 가는 새로운 제도의 제정 등은 문제가 있지 않은가 우려된다.

더 우려스러운 것은 앞으로 30년 후 세대들은 어떻게 될 것인지.

한글날에 생각하는 일

2011년 10월 9일은 세종대왕께서 한글을 반포하신 565돌이 되는 날이다.

사람에게 말이 있으면 그 말소리를 적을 수 있는 글자가 절대로 필요한데 그런 글자가 없는 말을 쓰는 사람에게는 얼마나 살기에 불편함이 많겠는가.

보도에 의하면 2009년도에 인도네시아 찌아찌아족은 한글을 그들의 말소리를 적는 글자로 받아들이기로 하여 공부하고 있다고 하고, 최근에는 남미 볼리비아의 원주민 아이마라(Aymara) 부족에게 본격적으로 한글을 보급하기 위한 프로젝트가 추진된다고 한다. 아이마라족은 210여만 명에 달해 인도네시아 원주민 찌아찌아족(6만 명)보다 34배나 많다고 한다.

생각해보면 공용어로서 가장 널리 쓰이는 말은 영어로서 14억 명쯤 되고 다음이 중국어로 10억 명 정도 그다음이 힌디어로 7억 명 정도 되며 우리말은 7천만 명 정도가 공용어로 쓰이면서 세계 15위의 세력을 가진 말이다.

우리나라의 국력이 신장됨에 따라 예능계에서는 한류 열풍이 아시아를 넘어 유럽이나 미주 아프리카로까지 번지고 있고, 삼성의 '스마트폰'이 세계 제일의 순위를 기록하고 있다고 한다. 그래서 우리말을 배우고자 하는 사람들이 세계 곳곳에서 날로 증가하고 있다고 한다.

한글이 문자를 가지지 못한 사람들에게 그들의 말소리를 적을 수 있는 글자로 받아들이는 민족이 더 늘어날 날도 멀지 않은 듯하다.

우리의 한글은 세종대왕께서 백성을 사랑하는 마음으로 곧 "어리석은 백성이 말하고자 하나 말을 적어 펴지 못함을 안타깝게 여겨" 만든 글자인데, 정인지의 훈민정음 해례 서문에 말하기를 글자를 사용함에 있어서 "갖추지 않은 바가 없고, 가는 데마다 통달하지 않음이 없으며, 비록 바람 소리나 학의 울음소리나 닭의 울음소리 개 짖는 소리라도 다 적을 수 있다."고 했다. 그리고 배움에 있어서 "슬기로운 이는 하루아침을 마치기 전에 깨치고, 어리석은 이일지라도 열흘이면 배울 수 있다."고 말하고 있다. 우리가 실제로 써볼 때에 그것은 사실이 아닌가! 그러므로 말소리를 적을 글자가 없는 타민족(찌아찌아족이나 아이마라족 같은 사람)들에게까지 세종대왕의 인간 사랑의 덕이 끼쳐짐을 자랑스럽게 생각한다.

글자가 간다면 말도 함께 가기 마련이다. 이미 한류를 타고 한국어 붐이 전 세계에까지 번지고 있는 게 사실이다.
그런데 우리가 쓰고 있는 우리말은 날로 황폐해지고 있다. 외래어의 무분별한 사용은 말할 것이 없고 규범 문법에 어긋나는 말을 쓰는 경우도 흔하다. 한 가지 예를 들면 이제는 관용어처럼 굳어버렸다고 할 수 있지만 "행복하세요." "건강하세요."라는 말은 원래 우리말은 형용사에는 명령형이 없다. 정적인 상태를 표현하는 말이니 명령형이나 진행을 나타내는 말이 있을 수 없는 것이 이치에 맞은 것이다. 그런데 마구 사용되고 있으니 문법의 혼란을 초래하게 하는 결과를 낳을 것이 아닌가. 명령형의 "예쁘세요." "희세요." 라고 말하면 말이 되는지 생각해보라.

그리고 말을 축약하여 새로운 말이 만들어지고 있는데 예를 들면 "노사모"(노무현을 사랑하는 모임) 또는 "박사모"(박근혜를 사랑하는 모임)처럼 쓰이는 것은 어느 정도 이해가 가지마는 요즘 인터넷에서 사용되는 언어는 참으로 걱정스럽다. 예를 들면 "추카 추카"는

“축하 축하”(축하한다)라는 뜻이라 한다. 이렇게 마구 우리말이 어떤 부류의 사람들의 은어처럼 되어버린다면 우리말의 순수성이 혼란을 피할 수가 없지 않겠는가.

그리고 우리말과 한글을 중요한 매체로써 활용하고 있는 언론에서 오늘 ‘한글날’에 대해서는 한 마디도 언급되지 않은 현실이니 한글이 국내에서는 푸대접을 받는 듯한 느낌이 들어서 마음이 괴롭다.

우리는 우리말에서 ‘바른 말 고운 말 쓰기’를 적극 권장하여 우리말의 순수성을 지킴으로써 외국인이 우리말을 통하여 우리의 정신과 문화의 전통도 전해지게 노력해야 할 때라고 생각한다.

5부

추억방담 追憶放談

못난 놈은 잘난 놈의 밥이니라

어느 아버지의 유언 '터럭 터럭'

책불환주

배려하는 마음

의미 부여하기

상사화의 추억

아버지의 퉁소 소리

두 노인의 가는 정 오는 정

내가 겪은 일제 초등학교 교육

우리말사전 한 권만 있으면

주경야독

못난 놈은 잘난 놈의 밥이니라

내가 어릴 적에 집안 할아버지께서 자주 하시던 말씀이다.

"못난 놈은 잘난 놈의 밥이니라." 이렇게 말씀하시면서 못난 사람이 되지 말라고 훈육하셨다.

'잘난 사람'은 무엇이며 '못난 사람'은 무엇인가?

원래 사람은 평등하여서 잘나고 못났다는 말은 있을 수 없는 것이 아닌가? 하고 생각했었다.

그런데 실은 권력을 잡거나 부를 이루거나 인기를 모아 세력을 가지거나 한 사람과 그렇지 못한 사람 곧 소위 유능한 사람과 무능한 사람이라는 말이 있으니 전자는 잘난 사람이고 후자는 못난 사람일까?

이런 이야기를 생각해보자.

옛날 윗동네와 아랫동네에 두 농부가 살았는데, 여름 한 철 고구마를 가꾸어서 가을이 되면 수확을 하였다가 겨울이 되면 시장에 내놓고 팔았다. 그런데 윗동네 농부는 고구마를 따뜻하게 찌어서 보자기에 싸서 시장에서 팔았다. 그 농부는 그날 모두 팔려서 기분좋게 돌아왔다. 그런데 아랫동네 농부는 날고구마를 그대로 시장에 가지고 가서 팔았다. 그런데 그 농부는 절반도 팔지 못하고 다시 짐을 지고 돌아왔다. 돌아오는 길에 두 농부는 만나서 오늘 장사 결과를 따져 보았다. 아랫동네 농부는 윗동네 농부가 고구마를 찌어서 팔았다는 말을 듣고 나도 그럴 것을 하고 후회하였다. 다음 봄이 되어서 이번에는 무를 시장에 나가서 팔았다. 윗동네 농부는 날 무를 가지고 가서 팔아서 모두 팔렸다. 그런데 아랫동네 농부는 겨울에 고구마를 찌고 가서 팔았다는 말이 생각나서 이번에는 무를 찌어서 나가 팔았다.

찌어서 익힌 무를 누가 살 것인가. 하나도 팔지 못하고 다시 짊어지고 돌아왔다.

이 두 농부 중에 틀림없이 윗동네 농부는 잘났고, 아랫동네 농부는 못났다고 할 수 있을 것이다.

결국, 현명한 자는 잘난 놈이고 우둔한 자는 못난 놈이라 할 수 있다.

현명하다는 사람이 악의를 품고 우둔한 사람을 유혹한다면 우둔한 사람은 곧 피해를 입을 수 있다는 뜻일 것이다. 현명하다고 해서 모두 선한 사람은 아니다. 오히려 우둔한 사람일수록 선한 사람이 많다.

할아버지는 현명한 사람이 되어서 남에게 속지 말라는 말씀을 하신 것이라 생각하고 있다.

"한 우물을 파라."는 말이 있다. 이 말은 한 가지 일에 몰두하라는 말이겠지만 고집스럽게 이 말만 믿고 있다가는 살아날 수가 없는 시대이다. 하루가 다르게 변화하는 시대이다. 변하는 시대에 맞추어 자신의 능력을 다양하게 길러서 적절히 적응할 수 있어야 한다. 못난 짓을 해서 남에게 해를 받는 사람은 되지 말아야 하리라 한다.

어느 아버지의 유언 '터럭, 터럭'

그것은 내가 초등학교 5학년 때의 일이다.

그때는 해방이 되어 1년밖에 안 되는 시기라서 물자는 귀하여 구하기 어렵고 매우 살기가 힘든 세상이었다.

신발이 귀해서 자동차 타이어를 오려내어서 재래의 짚신 모양으로 만든 신발을 사다 신기도 하였다. 그러나 맨발로 신을 경우에는 발등이 벗겨지고 발이 아파서 신기에 매우 불편하였다.

그런데 어느 날 아버지가 짚신을 삼으시는데 나로 하여금 조리(草履)를 삼게 하셨다. 아버지는 매우 곱게 짚신을 삼아서 신곤 하셨다.

짚신을 곱게 삼으려면 먼저 재료인 짚을 잘 다루어야 한다. 여름에 '미'라고 하는 꽃이 피기 전의 참갈대 송이를 뽑아다가 그 껍질을 가늘게 오려서 '덩드렁돌'(짚을 다루기 위하여 망치(마께)로 두들기는 밑돌로서 힘센 장사가 들기에도 힘든 크기의 둥근 돌이다.) 위에서 두들겨 말랑말랑하게 만든 다음에 새끼를 꼬아서 '날'을 삼고 또는 '깍'이라고 하여 발등을 싸는 부분인 울을 만들곤 하였다. 그리고 이 고장에서는 볏짚은 구하기 어려우므로 밭벼(산도)짚을 '덩드렁돌' 위에서 물을 품어가며 잘 두들겨서 '짚빗'으로 빗질을 하여 딱딱한 것이나 불순물을 제거하여 말랑말랑하고 부드럽게 한다. 짚에 물을 품으며 손질하기를 서너 차례 되풀이 하여 재료를 준비하고서 신을 삼기 시작하신다.

그리고 나는 조리를 삼았다. 그런데 조리라는 것은 바닥만 발 모양으로 짚으로 엮고 그 바닥에 발을 얹어서 엄지발가락과 각지발가락 사이의 자리에 새끼 끈을 끼어 두 갈래로 나누어 복사뼈 바로 앞자리 좌우의 가장자리에 맨다. 요즘 슬리퍼 같은 간편한 신발로서 일본 사람이 신는 발굽이 낮은 '게다'와 같은 모양이다.

해방되기 전에 학교에서 공작시간에 흔히 조리를 만들곤 하였었다. 그러나 1년여 동안은 그런 것을 만들지 않아서 잊어버리고 서투르지만 가르침을 받으면서 삼았다. 신을 삼을 때에는 짚을 이어가면서 날 사이에 둘러 단단하면서도 매끈하게 잘 감기게 엮고 여러 차례 힘껏 조여야 한다. 그러나 그것이 그리 쉬운 일은 아니다.

아버지는 신발을 다 삼고 나서 '신꼴'을 끼고 모양을 반듯하게 하여 완성한 다음에 내가 삼은 조리를 보시고는 이런 옛이야기를 해주셨다.

옛날에 아버지와 아들이 윗동네와 아랫동네에 살면서 짚신장사를 하였는데 장날마다 아버지가 삼은 신발은 다 팔리지만, 아들이 삼은 신발은 잘 팔리지 않았다. 아들은 아무래도 아버지보다 내 솜씨가 뒤지기 때문에 그럴 것이라고 생각하고 전체의 모양을 내는 데에만 힘을 쓰고 원재료인 짚을 더 부드럽게 장만하거나 엮는 방법에는 주의하지 못한 채로 늘 아버지한테 뒤질 수밖에 없었다.

그런데 그 아버지는 재주가 어느 정도의 단계에 오르면 스스로가 그 재주를 향상시키는 법을 알아야 하고 더 돋보이게 하는 법을 터득해야 한다고만 생각하여 한 마디도 당신의 느낌을 말해주지 않았다. 그러던 어느 날 아버지가 갑자기 독한 병이 나서 숨을 거두게 되었다. 그때 아버지는 개미 소리 같은 가냘픈 목소리로 아들에게 유언하기를 '터럭, 터럭'하고는 이내 숨을 거두고 말았다.

그 후 아들은 이어서 짚신을 팔아서 생활하게 되었는데 아버지께서 마지막으로 하신 말씀을 잘 생각해보니 짚신에 털이 많아서 곧 마무리가 잘되지 않아서 팔리지 않은 것이라는 것을 깨달았다. 그 털을 없애려면 짚을 잘 두들겨서 불순물을 제거한 부드러운 짚을 써서 짚신을 삼고, 털이 남지 않도록 주의하여 엮어야 하며 만든 후에는 다시 털을 다 다듬고 마무리를 잘한 다음에 장에 내다 팔았더니 이전보다 잘 팔렸다 한다고 말씀하셨다.

나의 아버지는 나는 아버지가 만든 재료로 조리를 삼았으나 마무리가 되지 않았다고 생각하신 것이리라.
나는 무슨 일을 할 때마다 이 이야기를 음미해보곤 하였었다. 옛날에도 아무리 부자간이라도 자기 직업에 대한 비법을 알려주지 않았었구나 하는 생각과 논어에서 공자의 말 중에 '회사후소(繪事後素)'라는 말이 생각났다. 곧 '회사후소'란 그리기보다도 바탕이 먼저라는 말이다. 고운 신발을 만들려면 그 재료를 잘 장만해야 한다. 그리고 무슨 일이거나 다 마친 다음에는 최종 마무리를 잘해야 한다는 것이 이 이야기에서 얻을 수 있는 지혜가 아닐까 한다.

요즘처럼 경쟁이 격심한 사회에서 자기의 재주를 더 효과적으로 나타내려고 갖은 방법을 다 쓰게 되는데 특히나 그 일에 대한 자기만의 독창적인 비법을 체득해서 실현시켜야 하며 마무리를 잘해야 한다. 시험을 치르는 수험생은 잘 아는 문제에서 흔히 실수하는 경우가 많다. 어렵다 생각하는 문제에 대해서는 심각히 생각하니까 덜 실수를 하지만 쉽다고 생각되는 문제에는 최종 마무리를 잘 하지 않아서 실수를 그대로 남기는 경우가 많다.

무슨 일이거나 자기가 한 일에 대해서는 '터럭, 터럭' 곧 짚신에 보송보송 남은 털을 잘 다듬듯이 마무리를 잘하는 습관을 지니고 있어야 하리라 생각한다.

자기만이 할 수 있는 비법을 확보하는 일, 관련 문제에 대한 전문적인 지식과 기술을 체득하는 일, 그리고 최종 마무리와 확인, 이 세 가지가 일을 깔끔히 처리하는 요건이 된다는 것이 이 유언이 주는 교훈이 아닐까 생각해본다.

책불환주

아침에 잠을 깨고 보니 아랫목 선입자가 사라졌다. 아직 채 밝기도 전인데….

나는 추위에 몸을 웅크린 채 이불 속에서 눈만 뜨고 간밤에 있었던 일을 더듬어 본다.

통금시간이 다 되어서 간신히 찾아든 여인숙이었다. 게다가 독방이 없어서 합숙하는 방을 얻어들었다. 이미 선입자는 아랫목에서 깊이 잠이 들었다.

생각해보면 지금부터 48년 전 일이다.

1961년 5·16 군사 쿠데타가 나서 군인이 중앙정부는 물론 지방 행정마저 장악하고 있을 때이다.

마침 제주도지사로서 해군 제독이 부임하였는데 제주도 교육은 낙후되어있으므로 선진지 교육을 배워서 교육 현장을 개선해야 한다는 취지에서 현직 교사를 선발하여 선진지인 서울 학교에서 참관 및 교단실습을 하게 되었다.

나는 도내에서 뽑힌 5명 중의 한 사람으로 서울 용산국민학교에서 1주간 실습 아닌 실습을 하게 되었다. 때는 1962년 11월 중순 늦가을이었다.

1주간 실습을 마치고 마침 내가 참가했던 3학년 동학년 선생님들이 송별회를 한다고 청요릿집으로 가서 저녁을 겸해서 일 주간 동안의 일들을 회고하고 가볍게 이별주를 나누었다. 그중에 K 교감과 두 분 선생님이 술을 좋아해서 이차를 가기로 하였다. 대접을 받는 사람이 염치도 없이 사양했어야 할 것을 나도 술을 좋아했기 때문에 술에 끌리기도 하고 시골 학교와 도시 학교의 교육 실상에 대한 논담에 끌리어서 이차를 가게 되었다.

거나하게 술이 오를 무렵 통행금지 시간이 얼마 남지 않아서 일행과 작별을 했다. 후암동에서 용산까지 가야 하는데 대강 방향만 짐작할 뿐 지리에 어두운 데다가 후암동에서 서울역 쪽으로 걸어가면서 차를 잡으려 했지만, 차를 잡지는 못하고 통금시간이 임박하고 말았다. 늦가을의 추위가 온몸을 에워싸서 으스스하다. 하는 수 없이 여관이나 여인숙을 찾았는데 마침 여인숙이 있어서 들어갔다.

합숙하는 방밖에 없다는 것이다. 서울은 오랜만에 온 길이라서 초행이나 다름이 없는데 군대에 있을 때에 합숙하는 여인숙에 들어본 일이 있어서 별로 큰 거부감 없이 하룻밤을 새우기로 하고 들었다.

"눈 감으면 코 베어 간다."하던 서울에서 게다가 생면부지의 사람과 하룻밤을 함께한다는 것은 하나의 모험이다.

동숙자는 이미 잠이 들어있을 때라서 얼굴도 잘 모르고 물론 인사 한마디 나누지 못하였다. 그런 사람이 새벽에 먼저 잠을 깨고 이곳을 떠난 것 같았다.

그가 누었던 머리맡에는 책이 한 권 놓여 있었는데 쪽지에

"잠꼬대를 들으니 교원인 듯한데 인사를 못 하고 떠나오. 여기 이 책을 두고 가니 한 번 읽어보시오. 도움이 될 것이오. 옛 어른이 '책불환주(冊不還主)'라 했으니 그냥 드리고 가오." 하고 큼직한 글씨로 적혀 있었다.

도대체 나는 무엇이라고 잠꼬대를 했단 말인가? 아마도 술자리에서 하던 논담이 꿈속에서 되살아났던 것일까? 그 당시에는 공무원은 누구나 일제히 골덴으로 지은 국민복을 입고 있어서 벗어둔 옷을 보고 공무원이라는 것을 짐작했을 것이고, 교육이 어쩌고저쩌고 했을 터이니 교원이라고 짐작했던 것이 아닐까?

아마도 그도 교원이 아니었을까? 2십 대 후반인 애송이 교사를 보고 선배로서의 마음이 발동되었었는지 모른다.

책을 펴고 보니 류달영(柳達永)선생의 『소심록(素心錄)』이다.

류달영 선생에 대해서는 『사상계』를 통하여 알고 있었으나 그의 책을 보기는 이것이 처음이다.

출간되어서 1년밖에 되지 않은 수필집으로서 내가 살던 시골에서는 구하기 어려운 그리고 읽고 싶었던 책이다.

과연 이 책을 두고 간 그 사람은 누구였을까? 그는 '책불환주'라 했으니 이 말은 무슨 말인가? 하는 의문부터 풀고 싶었다.

'책은 주인에게로 돌아가지 않는다.'란 뜻인가?

아니면 '책은 주인에게 돌리지 않는다.'란 뜻인가?

나는 책은 마치 하늘의 무지개를 보듯 지상에 있는 것을 잊고 한없이 공상의 세계에 사람을 태워주는 것이므로 '책은 주인이 없고 따라서 반드시 주인에게로 돌려주지 않아도 된다. 곧 책은 읽는 사람이 주인이다.'란 뜻으로 이해하고 읽었다.

지금 세월이 하도 오래가서 기억이 몽롱하기는 하지만 읽기 시작하여 단번에 읽었던 책 중의 하나였음은 분명히 기억한다.

류달영 선생의 민족의식에 투철한 사상과 교육자로서의 자세와 태도를 섬세하고도 마음에 감동을 주는 표현으로 엮어낸 자전적인 수필이었다고 생각한다. 이 책을 주고 간 사람도 고맙고 훌륭하지만, 이 책을 통하여 나의 삶을 새롭게 이해하고 생각을 가다듬어 교육현장에서 일어나는 일들을 의미 있게 처리하리라 하고 생각하게 하였음은 분명하다.

이 책을 주고 간 사람도 이에서 감동을 받은 것이리라. 아마도 그도 교육에 종사하는 사람이 아니었을까. 분명 나보다는 거의 10년은 장이라 보였는데 지금은 어디에 계신지 세월이 많이 갔으니 타계하셨을는지도 모르겠다. 갑자기 가슴이 답답해짐을 느낀다.

나도 좋은 책을 남에게 선선히 줄 수 있는 사람이 되어야 하겠다고 생각했었다.

얼마 전에 내가 가지고 있던 책을 시내 도서관과 대학 도서관에 천여 권을 기증하였고, 언젠가는 지금 가지고 있는 책도 보내리라 생각한다.

그동안 나도 다섯 권의 책을 내었는데 어떤 것은 500여 권을 책을 읽을 만한 분에게 보내드린 기억이 난다. 적어도 1천여 권은 거저 드렸다. 그들이 그 책을 보람 있게 읽어주었는지는 모르나 '책불환주'라 하고 주고 간 그분의 뜻을 본받아 나로서 할 수 있는 최선을 다하노라고 한 일인데 과연 잘한 일인지 모르겠다.

"책불환주(冊不還主)"라 했으니 책은 내가 혼자 가지고만 있을 것이 아니다. 읽을 사람 곧 그가 주인이니 그에게 돌려주어야 한다고 생각한다.

배려하는 마음

지금(2013년 현재)은 우리나라도 그렇지만 37년 전인 당시(1976년도) 일본에서는 마치 현재의 우리나라처럼 자동차가 없으면 일을 할 수 없었다. 그런 사정을 알기 때문에 당시 문교부에서는 출국 전에 자동차 운전면허를 받아 두도록 권했으나 나는 출국 날짜도 확정되지 않았기 때문에 어물어물하다가 운전면허를 받을 기회를 얻지 못하고 면허를 받지 않은 채로 일본에 갔었다.

그런데 막상 가보니까 운전을 하지 않으면 일을 할 수 없는 상황이었다. 5, 60내지 100킬로 떨어진 곳으로 이동하는 것은 물론이고, 가지고 다녀야 할 교육용 장비를 운반하는 데에도 자동차가 필요했다. 교육용 장비란 주로 영사기이고 때로는 교재나 국가 홍보용 자료를 싣고 가야 하는 경우가 많았다. 일본에서 운전면허를 받으려면 먼저 학원에 등록하고 일정 기간 교습을 받고 시험을 통과해야 한다. 그래서 1976년 10월에는 현지 이바라기현 경찰청에서 운영하는 이바라기 자동차 학원에 등록하기로 하였다. 그런데 외국인이기 때문에 외국인 등록을 하지 않으면 학원 등록을 할 수 없다는 것이다. 그래서 나는 한국에서 민족교육을 위하여 파견된 사람이며 관용여권을 가지고 있으므로 외국인등록은 하지 않아도 된다는 사실을 이해시키고 등록해 주기를 바랐는데 안 된다는 것이다.

그들이 하는 말로서는 일본에서 3년 이상 살아야 할 사람이 자유롭게 운전면허를 받을 수 없다는 것은 규정상의 모순이 있으므로 일단 경시청에 문의하고 가능한 길을 연구해 보자고 하면서 내주 금요일까지는 전화로 알려드린다고 했다. 다음 주 금요일에 전화가 오기를 혹시 일본에 와서 현재 거주지로 편지를 받은 일이 있으면 현주소를 적은 편지봉투를 제시하면 되겠다고 한다. 그런데 나는 아직 편지를 받은 바가 없다. 그 대신에 내 여권에는 긴급연락처로서 현주소를 적은 것이 있는데 그것은 안 되느냐고 문의한바 그런 것이 있다면 그것으로 되겠다고 하여 마침내 여권의 임의로 적는 현주소를 근거로 하여 등록을 마쳤다.

이제 생각해보면 외국인에게 일본에서의 생활에 지장이 없도록 편의를 배려하는 일본인들의 마음이 고맙고 우리가 본받아야 할 일이 아닌가 생각된다.

그러다 보니 10월이 다 지나고 11월이 되어서 매일 또는 격일로 나의 업무를 고려하여 시간을 예약하여 교습을 받았다. 그런데 이바라기현은 일본에서도 방언이 심한 곳이라서 운전 연습 중에 교관이 지시하는 말이 잘 들리지 않았다. 교관이 때때로 방언을 쓰기 때문이다. 차는 움직이는데 지시하는 말이 즉시 전달되지 않으므로 실수를 많이 하게 되는 것이다. 그래서 사무처에 나의 사정을 이야기하여 교관을 한 사람으로 고정해주되 되도록 일본 공통어를 구사하는 사람을 원했다. 사무처에서는 내가 한국에서 와서 일본어가 익숙하지 않을 뿐 아니라 특히나 이바라기현의 방언에는 특히 익숙하지 않음을 이해해 주어서 일본 자위대 출신으로 비교적 공통어를 쓰는 사람으로 고정 배치해주는 혜택을 받아서 운전 교습을 받을 수 있었다. 운전 기능 중에 어려운 기능도 친절한 교관의 지도로 잘 소화했으나 노상 시험에서는 어려움이 예상되어서 2회분을 더 신청하여 연습하고 시험을 통과하였다. 그동안의 기간은 한 달 반 정도가 되어서 시험을 통과하여 가면허를 받은 것이 12월 20일 경이었다고 생각된다. 가면허 기간을 마치고 정식면허를 받은 것이 1977년 1월이었다.

그런데 이제는 자동차가 있어야 하는데 센터(당시까지는 교육문화센터라고 칭하였다.)가 최초로 개설되었으므로 차는 없었다. 그래서 130만 엔을 주고 신차 코로나 1800CC를 구입하였는데 차가 도착한 것이 3월이었다. 그런데 아직 차를 움직여보지 못하였기 때문에 상당 기간 연습이 필요하였는데, 마침 민단중앙지부 사무장으로서 동향 출신인 고종혁(高宗赫) 씨가 자진하여 연습을 시켜주어서 쉽게 익숙하게 되었다.

그는 이제 고인이 되었지만, 항상 그때를 생각하며 고마워한다.

의미 부여하기

공자님은 열다섯 살에 뜻을 세웠다고 한다. 자신이 일생을 두고 나아갈 꿈을 세웠다는 뜻이다. 그런데 비록 일생의 꿈을 세웠다 하더라도 그 살아가는 과정마다 가지가지의 일들을 거쳐야 한다.

일생의 꿈을 세우는 것은 중요하다. 그러나 살아가는 과정마다 그 하는 일에 뜻을 부여하는 것은 더 중요하다. 하는 일에 숭고한 뜻을 부여하는 것은 하는 일을 성공으로 이끄는 데 가장 중요한 구동력이 되기 때문이다.

나는 30여 년 전에 일본에서 파견교사로 일한 적이 있다. 처음 1년간은 이곳저곳 한국어 강습회니 모임이니 하여 분주하고도 활기차게 활동을 할 수 있었다.

2년째에는 해야 할 일이 너무 넘쳐서 선택적으로 가려가면서 일을 해야 하게 되었었다.

그런데 3년째에는 교육 대상자인 재일 동포나 일본인들이 어느 정도 한국을 알게 되면서 차차 그 활동에서 떨어져갔다. 참으로 내가 하는 일에 회의를 느끼지 않을 수 없었다.

단순히 교육이라는 범위에 그치지 않고 더 넓은 영역으로 일을 확대해 보자. 한국의 독특한 문화나 습관을 주로 다루는 일을 시작하였다.

먼저 교육원이 다달이 내는 홍보지 '무궁화 통신'을 통하여 한국문화의 편 편을 알리려 노력했다. 그리고 승공연합 멤버를 중심으로 모이는 대로 한 가지씩 알리기로 하였다.

예를 들면 "일본문화는 벗는 문화이고, 한국문화는 입는 문화이다." 곧 일본인은 기후가 온화해서 옷을 벗기를 좋아한다. 그러나 한국인은 입고 가리는 것을 좋아한다고 할 수 있다. 일제 강점기에 한국 땅에 주둔했던 일본군들은 여름에는 훈도시 (천으로 국부만을 가리는 것) 바람에 동네를 활보했었다. 그것을 보는 우리 아낙네들은 피하거나 외면해야 했다.

일본인은 성(姓)을 마음대로 바꾸지만, 한국인은 절대로 성을 바꾸지 않는다는 등 한일 간 문화의 차이를 가르친다.

물론 생활문화에 우열이 있는 것은 아니고 한 가지 습관이라는 것을 이해시킨다.

일본 땅에 우리 문화를 이해하는 사람이 증가한다는 것은 곧 우리 문화영토의 확장이라고 생각하였다. 내가 하는 일에 부여되는 의미는 '문화 영토의 확장'이다. 내가 지금 하는 일들이 결과적으로는 한국 문화의 영토를 확장하는 일이 될 것이라는 확신을 가지고 일을 하였다. 나 스스로 하는 일에 활기를 찾게 되고 이야기를 듣는 자들도 흥미를 가지게 되어 다행이었다.

권태에 매몰되어 지루한 나날을 보내는 고통에서 벗어나 "나는 문화영토 확장의 전사"라 자임하고 나서니 하는 일이 즐겁고 힘이 생기는 것을 느낄 수 있었다.

따스한 새봄의 양광을 받으며 하는 일에 멋진 의미를 부여하여 열심히 일하기 바라고 싶다. 반드시 좋은 결과가 있으리라.

상사화의 추억

가을바람이 불어서 상사화가 피는 계절이 되었다. 이때가 되면 상사화의 추억이 되살아난다.

나는 군에 있을 때 늑막 유착으로 온양온천 지대에 있는 정양병원에서 한가을 요양을 한 일이 있었다. 그 병원은 철조망으로 둘러치지도 않고 개방된 시설이었다. 일요일이면 요양 중인 병사들이 천렵을 한다고 양동이를 가지고 들로 나갔었다. 논밭 도랑에서 미꾸라지를 비롯하여 피라미 같은 민물고기를 잡아서 병실에 돌아와 조려 먹곤 한 일이 있었다.

들판에는 벼가 누렇게 익어 황금 물결을 치고 있는데 논두렁에는 들백합 같은 자홍색 꽃이 흐드러지게 피어있었다. 그 꽃 이름은 꽃무릇이라고 했다. 논밭의 황금 벼 이삭을 둘러친 듯이 자홍색 꽃무릇이 테두리를 둘러 피어있어서 장관이었다.

내 고향에서는 보지 못한 꽃이었다. 그냥 무릇이라고 해서 일제 강점기 때에 식량이 부족하여 밭에서 무릇을 캐어다가 엿처럼 고아서 바다의 넘패를 섞어 먹었던 기억이 있다. 그러나 이 무릇은 하얀 꽃이 자그맣게 피는 식물이다.

그런데 이 꽃무릇은 초여름에 잎이 시들어 말라버리고 여름이 끝나갈 무렵부터 초가을까지 갑자기 4, 50센티의 꽃대가 솟아 올라와서 가지도 잎도 없이 꽃대 하나에 대여섯 개의 꽃이 방사형으로 피는 구근류의 꽃이다.

세월이 가고 그 꽃에 대해서는 잊어버리고 있었는데, 30여 년 전에 내가 일본 이바라기현 미토(水戶)에서 파견 근무를 할 때 민단 역원이 안내로 한국식 무덤을 본 일이 있다.

물론 일본에서는 대부분 화장을 하여 매장하는 일이 없지만, 특수한 경우 매장하는 경우도 있었다 한다. 그것은 일본이 근대화되기 전에 일본을 260여 년간 통치한 도쿠가와(德川) 막부의 장군을 배출하는 고상케(御三家)의 하나인 미토가(水戶家)의 선조의 가족 묘지였다.

도쿠가와 막부가 실권을 놓은 지 100여 년이 지나서 수십 기의 무덤은 우리나라의 아총과 비슷하고 떼가 벗어져 초라하고 퇴락하여 볼품이 없지만, 묘지 주변에 핀 꽃무릇이 매우 인상적이었다. 묘지 둘레에 폭넓게 밀생하여 자홍색으로 핀 광경이 볼만했다. 일본에서는 이렇게 묘지에 많이 심는다고 하고 꽃 이름도 피안화(彼岸花/히간바나)라 한다고 했다.

그 이름의 유래는 춘분과 추분 일을 끼고 전후 일 주간을 '피안'이라고 하는데 그 꽃은 이 추분을 전후하여 피기 때문에 피안화라 한다고 한다.

피안이란 불가의 용어로서 이승의 번뇌를 해탈하고 열반의 세계에 도달하는 일을 지칭한 말로서 쉽게 말하자면 '저승꽃'이라 할 수 있을 듯하다. 그래서 일본인들은 그리 좋아하는 꽃이 아니고 묘지에나 심는다고 했다.

그런데 우리나라에서는 잎과 꽃은 서로 볼 수가 없어서 그리워하는 꽃이라는 뜻으로 상사화(相思花)라 한다.

수년 전에 선조의 무덤을 한 자리에 모시게 되어서 이 상사화를 생각하게 되어 제단 주변에 상사화를 심었는데 벌초가 끝난 후 묘지에 들렀더니 곱게 피었었다.

앞에 간 옛사람 보지 못하고 (前不見古人)
뒤에는 오는 사람 보지 못하네. (後不見來者)
천지의 유유함을 생각하다가 (念天地悠悠)
혼자 서러워 눈물 흘리네. (獨愴然而涕下)

문득 이런 진자앙(陳子昻)의 시가 생각나서 나 또한 처연히 머리 숙였다.

잎은 잎대로 꽃을 그리워하고 꽃은 꽃대로 잎을 그리워하듯 이승에 피어서 일찍이 돌아가신 조상님을 추모하는 뜻으로 길이길이 곱게 퍼지기를 염원한다.

아버지의 퉁소 소리

남을 즐겁게 하는 재주를 가진 자가 부럽다. 퇴직을 하고 나니 그런 사람이 더 부럽다는 생각이 났다. 재주란 타고 나는 것이라고도 하지만 각고의 노력으로 스스로 키우는 경우도 있다. 무엇보다도 그럴 수 있는 소질을 일찍이 발견하는 것이 먼저라고 생각한다. 자신에게 어떤 소질이 있다는 것을 알게 되는 것만으로도 반은 이룬 것이 아닌가 싶다. 다음은 나의 노력만이 문제인 것이다.

해방되던 1945년 추석 때의 일이었다고 생각한다.

언제나 추석이나 설에는 내가 큰집과 외가에 제수를 나르는 일을 하였었다. 동네에서 추렴한 신선한 돼지고기 두 근과 마른 우럭 두 마리를 볏짚 꾸러미에 싸서 배달하였다.

그러니까 추석 전날 저녁에 내가 예의 제수를 배달하고 돌아오는 길에 동구 밖에 다다르자 안 골목 우리 집 쪽에서 이제까지 들어보지 못했던 퉁소 소리가 들렸다. 구슬픈 제주도민요였다.

해방되어 일본 오사카에서 살다가 귀국한 집안 아저씨들이 인사차 찾아왔으므로 아버지는 해방되어 집안 형제를 만나는 기쁨에서 비장해 두셨던 샤쿠하치를 꺼내서 재주껏 부셨던 것이다. 나의 아버지는 태평양전쟁이 한창이었던 1943년 봄에 병을 앓아서 일본 오사카(大阪)에서 귀향하셨다. 아저씨들이 해방되어 고향에 돌아오자 수년 전에 헤어졌던 집안 형님을 만나는 기쁨에 더해서 퉁소 소리 듣기를 원했던 것이라 했다. 이 퉁소 소리를 듣고 하나둘 여러분이 모여들었다. 아버지는 귀향하셔서 다소 건강이 좋아지면서는 해방이 될 때까지 마을 구장을 하시며 일제의 강제 공출이며 1945년 봄에는 갑자기 일본군대가 주둔하게 되어 그에 대한 대처 등으로 시달려서 퉁소를 불거나 할 여유가 없으셨다.

이 샤쿠하치(尺八)란 일본 고유의 목관악기로서 길이가 1척 8촌이며 앞에 구멍이 4개 뒤에 구멍이 하나가 있어서 세로로 부는 악기이다. 아버지는 이 악기를 일본에서 배워 때때로 부셨던 것 같다.

내가 일본에서 파견근무를 할 때인 1977년의 일이다. 20대 초부터 오사카에서 사시다가 작고하신 나의 당숙님의 말씀에 따르면,

아버지는 노래도 잘 불렀지마는 샤쿠하치라든지 바이올린도 켜곤 하셨다고 한다. 1930년대에 국내에서 한창 인기가 높았었던 가수 고복수(高福壽, 1911년~1972년)와 황금심(黃琴心 ,1922년~2011년)이 오사카서 공연(1941년과 42년)을 할 때는 반드시 아버지가 찬조 출연을 하셨다고 한다. 그 당시 일본에서는 「타향살이」라는 노래가 크게 유행하였다고 한다. 생각해보면 아마도 당시 일본 지역에는 150만 가까운 우리 동포가 이주했었고 적어도 오사카에만도 50만이 넘는 우리 동포들이 살았던 것으로 여겨진다.

내가 어려서 잘 기억하지는 못하지만 이제 와 생각해보니 확실히 기억하는 것은 우리 고장에서는 여름철에는 조를 주로 가꾸었다. 농사철이 되어서 조를 파종할 때에는 반드시 조 씨를 뿌리고 말(馬)로 밭을 밟아야 했다. 밭을 밟는 말 떼를 잘 이끌어서 밭을 골고루 밟을 수 있게 하려면 말을 잘 다루어야 한다. 이때 말떼를 잘 다루려면 「밭 발리는 소리」를 불러주어야 했다. 아버지는 이 「밭 발리는 소리」를 곧잘 불러서 말 떼를 잘 다루셨고 우리는 말떼의 뒤를 쫓아 몰곤 했었다. 장수하셨다면 아마도 제주민요 명창이 되셨을 것이다.

아버지는 해방되기 전에는 들을 수 없었던 퉁소를 해방된 후에는 때때로 마당 평상에 앉아서 불곤 하셨다. 그 가락은 「아리랑」은 물론 「타향살이」 그리고 구슬프게 들리는 민요 등 다양한 가락들이었다. 그 소리는 넉넉하면서도 부드럽고 가냘프면서 애조 어린 소리로 기억하고 있다. 꿈을 가지고 일본에서 노동하면서 재산도 일으키고 더 크게 발전시키고자 하셨지만 뜻하지 않은 병으로 불혹을 앞둔 나이에 모든 것을 체념한 채로 고향으로 돌아와야 했고 돌아오자마자 일본군이 주둔하는 사태를 맞게 되어 심리적으로 많은 갈등을 느끼셨을 것이다. 전쟁을 피하여 찾아온 고향이 오히려 전쟁에 말려드는 것 같은 상황을 맞아야 했다. 해방되어 일본군이 물러가자 아버지도 해방된 우리의 노래를 마음껏 부르고 싶으셨던 것이리라.

이런 일연의 일들을 종합해 보면 아버지는 음악에 타고난 소질을 가지고 계셨던 것 같다. 그래서 그런지 우리 5남매들 중 나를 제외하고 모두가 노래를 잘 부른다. 목소리가 좋다. 이제 노인이 다 되어가는 세 남매가 가끔 노래방에 가서 노래를 부르곤 한다. 이것도 사람을 즐겁게 해주는 좋은 재주이니 젊어서 이런 줄을 알았더라면 그 재주를 살려 연마했어야 했다는 아쉬움이 남는다. 부모님의 좋은 재주를 물려받아 잘 이어나갔어야 했다는 생각이 든다.

1948년에 4·3사건이 나서 아버지는 밤마다 몸을 숨기려 보리밭으로 밀밭으로 피신하시다가 병이 더 악화되어 퉁소 소리는 더 이상 들을 수가 없었다. 얼마 후 아버지가 돌아가시자 그 퉁소는 벽장

농틈에 끼워 둔 채로 가족들이 잊어버리고 있는 사이에 끝내 종적을 찾을 수 없게 되어 버렸다. 누군가가 다른 용도로 가져가 버린 것이었다.

내가 나이가 들고 나서야 그리운 아버지의 통소 소리를 추억하며 일본에서 샤쿠하치를 다시 구해왔다. 아버지가 남기신 유품으로 또한 좋은 재주를 이어받고자 하는 뜻에서 소중히 보존하고 있다. 언젠가 나의 후손들이 이런 재주를 이어받아 살려서 일본식 샤쿠하치가 아니라 우리의 통소를 불어서 예술혼을 일으키는 때가 오기를 염원한다.

두 노인의 가는 정 오는 정

우리는 근 15년 동안 적어도 열흘이 못되어 편지를 주고받곤 하고 있다. 받는 사람이 '명숙'이라는 이름이라서 낯익은 우체국 국원에게서 "노인네가 연애를 하십니까?"라는 치기 어린 농담을 듣는다. 그는 어엿한 남자인데 말이다. 이 편지는 앞으로도 계속될 것이다. 이것도 하나의 추억의 기록이니 주고받은 편지 한편으로 옛날을 추억하고 싶다.

최형!

오늘 수필집『아버지의 전원일기』감사히 받았습니다.

전원생활에 매료되셔서 건강하시니 반갑기 한이 없습니다.

어쩌면 그 연세에 그토록 다감한 글을 쓰실 수 있는지 부럽습니다. 이전부터도 선생님의 글에서는 낭만과 심오한 철학을 담고 계셨는데….

현실적인 삶에서 풍겨 나오는 서정에 끌리어 받는 즉시 절반을 읽었습니다.

오늘도 선생님 내외분 모두 강녕하시죠 ?

김여정 시인을 통하여 서울에서 양평으로 이사하셨다는 소식을 듣고 있었습니다.

저는 1999년 8월에 김대중 정권의 정책에 밀려 억지로 정년 아닌 정년퇴직을 하였습니다. 얼마 남기지는 않았었지만 아쉬움만 잔뜩 남겨놓고 떠났습니다.

2000년 1월 26일 직장암으로 고대안암병원에 입원하여 수술하고 한 달포 병원 신세를 지고 또 2년 가까이 통원 치료를 받느라고 삶과 죽음의 길을 갔다 왔다 했습니다. 올해 3년째인데 상태가 좋아져서 주로 건강 회복을 위한 생활에 전념하고 있습니다. 오전에는 단전호흡으로 수련하고 오후는 집에서 쉬고 있습니다.

올해 들어서 무슨 일을 해봤으면 하는 생각을 하고 있었는데 mbc 방송국에서 언어순화를 위한 모니터 의뢰가 있어, 요즘은 그 모니터하는 일로 일과를 삼고 있습니다.

제가 퇴임하면서 기념 문집 『숲은 새들을 날아오게 한다』라는 것을 내었는데, 1999년 9월에 서울 선생님 댁으로 부쳤습니다마는 그때는 이미 이사를 하신 후가 아니었던가 생각됩니다. 선생님이 주신 편지를 그 속에 실었었습니다. 헤아려주십시오.

종종 김여정 시인은 제주에 오셔서 만나기도 하고, 전화로 소식을 주시기도 합니다. 그리고 김종기 선생님 그리고 이병욱 선생님과 윤광학 선생님이 전화를 주십니다.

주소와 전화번호를 알게 되었으니 전화하렵니다.

공릉동 그때 선생님들 모두 안녕하시겠지요. 안부 전해 주십시오.

전원생활의 아름다운 서정 어린 글 많이 쓰시고 건강하시기 바랍니다. 잊지 않으시고 고운 정을 담은 책을 보내주심에 다시 깊이 감사하오며 오늘 이만 줄입니다.

두 내외분 안녕히 계십시오.

2002년 4월 19일 제주에서 고○○ 드림

답장이 늦었습니다. 형을 만나는 것처럼 반가웠습니다.

인생이 사는데 고비가 있습니다. 그렇게 심한 시련의 고통을 견디기가 얼마나 힘들었을까.

남은 인생은 죽음과의 싸움이라 생각됩니다. 야망과 사랑의 계절이 없어지고 황혼의 길목은 고독의 싸움인 것 같아요.

늙는다는 것은 아프다는 것과 동일한 개념으로 받아들일 수밖에 없나 싶소. 60여 평생을 쓴 육체를 무엇으로 원래의 모습으로 갖출 수 있겠습니까?

당신이 그 처절한 고통이 곧 내 고통과 무엇이 다르다 할 수 있으랴. 병과의 싸움은 결국 자기와 사투라는 결론이 나오는 요즘의 망중한 단면을 비켜갈 수 없소이다.

성한 곳이라고는 한 군데도 없는 내 육체에 환멸을 느끼면서 이제 여기 살아있으니…

오장육부가 정상을 벗어나고 있으니 말이외다. 어제까지만 해도 내 몸에서 자랑할 곳이 있다면 눈이었는데 이제 눈마저 안경을 끼지 않으면 사물을 볼 수 없으니 어찌하면 좋단 말입니까?

후회 없는 인생, 숨이 누리는 영화에 여한이 없는 인생, 얼마나 아름다운 축복일까? 우리 인생도 봄의 햇살처럼 찬란한 눈부심으로 빛나리라.

따뜻한 시선으로 제 졸작을 헤아려 봅서예.

작가의 눈으로 보면 턱없이 모자라고 모자랄 것들입니다. 허허로운 삼매에서 희망의 씨앗을 이삭처럼 줍고 싶을 때가 있었습니다.

친구의 이름으로 꽃을 사는 당신의 예지를 나는 항상 깊게 깊게 간직하고 있으니까요.

내가 당신을 기억하고 있다는 것은 가장 행복한 선택이라고 하지 않을 수 없습니다.

당신은 언제나 내 성장의 맑은 리듬 소리처럼 가까운 데서 울림을 주셨기 때문이었습니다.

그리운 친구여

늙어 간다는 것, 그리운 사람을 애타게 그리고 사무치게 그리워하는 것, 인간의 원초적 본능? 사랑이라는 말 이외에 아무것도 남는 것이 없을 것 같습니다.

한때는 당신처럼 단전호흡도 시도했으나 2개월 고비로 중단하고 말았지요. 숨결이 가빠서 그 이상을 참지를 못했으니까요.
건강을 증진시키면서 생활 속의 밝은 빛을 찾는 것처럼 소중한 것이 없을 것 같아요.

오늘 아침도 뒤 텃밭에 가보니 벙긋이 웃는 노란 황금빛을 터뜨리고 있는 참외 꽃을 보고 환희의 기쁨을 얻었습니다.

벗이여!

찬란한 5월은 더욱 눈부시고 화사하다.

술보다 더 독한 인연에 대취한 우정이 아니던가.

가끔 소식 전하면서 살아갑시다. 건투를 빕니다.

2002. 5. 10 최○○ 상

내가 겪은 일제 초등학교 교육

나는 일본 오사카에서 태어나 다섯 살이 되던 1940년 제주로 돌아왔다. 이후로 줄곧 구좌읍 한동리는 나의 생활 근거지이며 고향이 되었다.

일제강점기 당시에 구좌면에는 공립학교로 세화국민학교와 김녕국민학교가 있었고, 사립학교로는 하도국민학교와 월정리의 구좌중앙국민학교가 있었다. 당시 한동리는 300여 호의 가구가 있었는데, 그중에서 8명이 함께 1학년에 입학하였다. 물론 일부는 월정리의 구좌중앙국민학교에 갔다.

나는 1942년 4월에 세화국민학교에 입학했다. 입학은 구술시험을 통해서 선발했고, 입학식은 세화리는 구좌면사무소 소재지였으므로 면 유지와 마을의 유지들을 모두 모아놓고 성대히 치렀고, 기념사진도 촬영하였다. 당시 학교에 입학할 수 있는 사람은 선택된 사람들이었다고 할 수 있다.

그 당시 세화국민학교에는 종달, 상도, 세화, 평대, 한동, 송당 등 6개 마을에 거주하는 학생들이 다녔다. 그때는 마을마다 동네마다 통학반이 조직되었었는데, 한동리에서는 선배로서는 5학년에 4명(고정석, 고동완, 감태석, 김천석), 3학년에 남자 3명(김두혁, 유광옥, 오남수) 여자 1명(고두순)이 그리고 새로 입학한 1학년 8명(고성중, 고원효, 고원택, 고동빈, 김정호, 김성률, 김택림, 임정생)이 함께 모여서 줄을 짓고 세화까지 걸어서 4킬로미터를 다녔다. 한동리 출신 학생 중에는 제일 어린 축에 해당되었다.

당시 교장은 사토미쓰오(佐藤光男)라는 일본인이었는데, 입학을 위한 면접에서 나는 일본에서 살다 왔기 때문에 일본어로 대답하여서 잘한다고 칭찬을 받았던 것을 기억한다. 학교 교육은 일어를 공용어로 사용하여 이루어졌다.

각 학교마다 밴드부가 조직되어 있었다. 트롬본, 트럼펫, 나팔, 큰북, 작은 북 등을 학생들이 잘 다루었다. 당시 선생님들은 음악, 체육을 잘하셨던 듯하다. 선생님들은 풍금은 기본이고 어떤 악기든 연주가 가능하여 매주 악대 활동을 지도하기도 했다. 특히 고학년에서는 일본인 교장 선생님이 직접 검도를 가르치는 것을 보기도 하였다. 그래서 특별 강사나 코치가 없이도 악대 연습이 가능했던 것이 아닌가 한다. (아마도 사범교육이 잘 되었던 것이 아닌가 생각해본다).

한동리 학생들은 세화국민학교보다는 월정리에 있는 구좌중앙국민학교에 주로 다녔는데 한동리 학생 중에서 구좌중앙국민학교 학생들이 악기 연주를 잘해서 한동리에서만도 악대가 조직될 정도로 연주능력을 갖춘 아이들이 많았다. 국민학교 때 활동했던 학생들은 나중에 청년 악대를 조직할 정도였다. 이 악대는 운동회나 소풍에도 따라갔는데, 단결과 전의를 고취하고자 하는 게 주목적이었다고 하겠다.

교육은 철저히 일본의 교육시책에 따라 이루어졌다. 우선 창씨개명을 철저히 시행하도록 하여 나도 예외는 아니었다. 그래서 고성중이라는 이름이 다카야마 마사미쓰(高山雅允)라고 불렀다. 그리고 일본인화하기 위한 황국신민화의 일환으로 날마다 봉안전을 향해 궁성요배(천황이 있는 도쿄 쪽인 동쪽을 향하여 묵념하는 것)하는 예를 갖추도록 강요하였다. 봉안전은 일본의 아마데리스오마카미(天照大神)로 알려진 건국신의 위패를 모신 곳으로 학교마다 동쪽에 모셔져 있었다. 행사 때마다 그리고 매달 첫째 월요일에는 봉안전(奉安殿)에 모셔둔 검은 상자를 가져와서 그 속에 들어있는 글을 꺼내 교장 선생님이 엄숙하게 읽곤 했다. 어린 나이였기 때문에 무슨 내용인지는 몰랐으나 아마도 한국인을 일본인화하는 교육칙어였던 듯하다.

내가 1학년에 입학하기 전해인 1941년 12월 8일, 일본은 하와이의 진주만을 공격하여 태평양전쟁을 일으켰다. 그래서 매달 8일을 전의를 고취시키는 날로 정하여 여러 가지 행사를 하였다. 우선 신사참배(神社參拜)이다. 당시 세화에는 신사가 있었는데 이날은 전교생이 신사에 모여 기념식을 가졌다. 이때는 학생뿐만 아니라 마을 청년(연성소/練成所), 면사무소 직원, 주재소 경찰관, 특히 우도에 파견되어 있던 일본 해군들이 군복을 입고 도열하여 결전 의지를 다졌다. 이것을 다이쇼호타이비(大昭奉戴日) 라고 했다. 영국의 처칠이나 미국의 루즈벨트 등을 '자찌르' '루스베루또'라고 하면서 악마 같은 모습으로 묘사하며 적개심을 고조시켰던 연설이 특히 기억에 남는다.

학교생활에서 인상적인 것은 한겨울에도 6개 마을의 동네별로 학생들을 운동장 가 쪽으로 도열시켜놓고 발 검사와 발톱 검사를 실시하고, 양말과 신발을 벗기고 맨발로 운동장을 뛰게 했던 일이 생각난다. 나는 동상이 걸려서 김칫국물을 데워서 담갔던 기억이 있다.

소풍은 원족(遠足)이라고 하였는데, 먼 거리까지 걷도록 하였다. 국민학교 저학년에게도 10㎞ 정도를 걷게 하는 등 체력에 무리할 정도로 단련시켰다.

3학년이 되자 '각반'이라고 하여 정강이 밑에 손바닥만 한 넓이의 천으로 만든 띠로 다리를 감게 했는데, 이것을 누가 빨리, 그리고 보기 좋게 매느냐 하는 훈련을 시키고 시험도 치러 기능을 연마하게 하였다. 그리고 각반을 차고 분열식을 연습하는 등 전투에 대비한 훈련을 실시했다.

내가 국민학교 3학년 때는 1944년으로 전쟁 말기에 접어들었다. 이때부터 전쟁 물자를 확보하기 위해 어린 학생들에게도 공출이나 공납을 강요하였다. 3학년이 된 우리는 봄이 되자 들에 나가 고사리를 캐서 바쳐야 했다. 여름에는 야생초인 진, 모시, 삼 등을 캐서 그 거죽을 말려 바치게 했다. 이것들은 로프를 만드는 데 소용되었다고 한다. 그리고 송진, 동백 열매 등 종류를 가리지 않고 일정량을 모아서 바치게 했다. 그런데 개인에게 배정된 양은 어린 학생들이 해결하기에는 너무 많은 양이어서 학생 스스로가 해결하지 못하는 경우가 많았다. 그래서 가족이 모두 모아서도 배당량을 채우기에 급급했다.

4학년이 되던 1945년에는 학교 운동장 주위를 모두 개간하여 쭉 둘러가며 해바라기를 심었다. 해바라기 씨를 기름으로 쓰기 위해서였다. 당시 동네별로 일정 면적의 땅을 배당하여 개간하도록 하고 거기에 작물을 재배하도록 하였다. 갑자기 일본군대가 마을마다 주둔하였다. 후의 조사에 따르면 제주도의 주민 인구는 23만 명 정도였는데 일본군대가 7만여 명이 주둔하였다 한다. 학교는 모두 일본군 야전병원으로 징발되어버려 학교에는 출석하지 못하고 동네별로 간이학교를 설립하여 오전에는 수업하고 오후에는 배당된 작업에 근로봉사를 하다 돌아가곤 하였다. 한동리 학생들은 평대리 학생들과 함께 평대리 중동 부소윤(夫昭潤) 군네 집에서 공부하였다. 그리고 한동리 같은 반 학생인 우리들 8명은 한동리 작음(좌가장)에 있는 고원효(高元孝)네 밭 50여 평을 개간하여 고구마를 심었었다. 오전에는 간이학교에서 공부하고 오후에는 주로 이 개간한 밭에 나가서 일하였다. 더운 여름철이었지만 개간지의 작물을 손보면서 어두워질 때까지 일하다 집에 돌아가곤 하였다. 8월 어느 날 고구마밭에 가보니 메꽃(배부르기) 같은 꽃이 가득 피어 있었다. 그것은 고구마 줄기에 핀 꽃이었다. 동네 할아버지께 고구마(감자) 꽃이 피었다는 사실을 말하였더니 "감자꽃(제주도에서는 고구마를 감자라 한다)이 피민 큰일 난다."고 다들 입을 모았다. 그런데 그해 8월 15일에 해방이 되었다.

해방되자 제주는 좌·우익의 갈등이 첨예하게 일었다. 그러나 세화는 거의 갈등이 없었던 것으로 기억한다. 그 당시 고을마다 인민위원회가 들어섰었다. 이 중에는 교사도 상당수 있었는데, 나중에 일본으로 도피한 선생님도 있었다. 갑작스럽게 찾아든 해방은 교과서의 빈약과 정치적 혼란 등으로 교육은 제대로 이루어질 수 없었다.

나는 아버지가 손수 써서 만든 천자문책으로 한글과 한자를 배워 다른 애들보다 가장 먼저 한글을 깨칠 수 있었다.

『우리말사전』 한 권만 있으면

나는 1948년 8월에 세화초등학교를 졸업하였다. 당시 같이 학교에 다닌 친구들은 우리 동네 새왓동네에서는 나하고 여자로서 고정심(高貞心)이었고, 계룡동에서 김성률(金成律), 김택림(金澤林), 윗동네에서 고원효(高元孝=서울에서 운수업을 하면서 큰돈을 벌었다), 고원택(高元澤=제주농고에 진학하였고 후에 제주여자고등학교 교장을 역임하였다), 김봉호(金奉浩), 임정생(任正生), 고동빈(高東彬), 김정호(金正晧) 등 열 사람이었다.

나는 삼 학년부터 줄곧 우등생으로 상을 받아서 졸업하면 중학교에 진학할 것으로 남들은 생각했을 터이나 가정 사정이 그렇지 못하여 진학할 수가 없었다. 같은 동네의 고정심은 나보다도 두 살

정도가 위인데 그 집은 경제적인 여유가 있었으므로 진학을 할 수 있었으나 내가 진학을 하지 않으니 여자로서 부디 내가 진학을 할 것은 없다고 고정심 스스로가 판단하여 진학을 포기하였다. 그런데 윗동네에서 고원택군과 고동빈군은 제주농업학교(당시 중고등학교 5년 제였다.)로 진학했다.

나는 아버지가 오랜 병으로 집안 살림이 어려운 데다가 어머니 혼자서는 도저히 나를 중학교로 진학시킬 수가 없었다. 마침 그해 가을 음력 10월 16일에 아버지가 돌아가시고 집안은 더 경제적으로 어려웠다.

그때 나의 생각은 우리말사전 한 권만 있으면 중학교 강의록을 받아서 독학할 수 있다고 생각하였으나 사실은 우리말사전은커녕 강의록을 받을 수 있는 정도도 되지 못하였다. 아버지가 돌아가시고 4 · 3 사건으로 사람들의 활동 범위는 동네 안으로 한정되었으며 경제적인 활동은 극히 제한을 받는 때였다.

아버지가 돌아가시는 그해 겨울에는 4 · 3사건 진압을 위하여 강경한 조치가 취해졌었는데, 우선은 마을을 성담을 쌓아서 두르는 성담 축조 공사가 행해졌는데, 호당 한 사람씩 공역하게 되었으며, 한동리 서쪽으로 행원리를 거쳐서 월정리까지 사이에 울창하게 자란 사방조림의 소나무를 베는 작업을 또한 하게 되어서 겨우 초등학교를 졸업한 나였지만 공역 장에 나가서 일하기도 하였다.

이듬해 여름에는 한여름을 바다에서 지내다시피 하였는데, 바다에서 고기를 쏜다고 물에 들었다가 물에서 나와서 작살을 꽂아 두었는데 그 작살에 다리를 찔리어 어머니를 비롯하여 온 동네에 난리를 일으키는 사태가 벌어졌었다. 유리창 문 밑에 까는 레일을 재료로 하여 만든 작살이었는데 다리를 관통하였으니 빼는 것이 문제가 되어서, 작살을 잘라야 한다는 주장을 하는 사람이 있는가 하면 망치질을 하여 일단 박아서 빼야 한다는 주장도 있었다. 나는 망치로 쳐서 작살 끝이 나오면 잡아당기어서 빼달라고 요구했다. 마침 계룡동 고두천(高斗千=그는 6. 25전쟁에 출정하였는데, 전사하였다) 씨가 툇마루 널판자를 가지고 모르는 사이에 치는 바람에 작살 끝이 나와서 잡아당겨 작살은 빼었는데 여름이라서 곪으면 더 큰 일이 되므로 세화리까지 4킬로의 거리를 통원하며 치료를 했다.

여름에 이런 일을 겪고 나니 어머니는 곱게 낳은 보람도 없이 다리를 잘라야 하는 것이 아닌가 하여 노심초사하였으며 학교에 다니지 않고 놀았기 때문에 바다에 나가서 이런 일을 저지르게 되었다고 그해 가을에는 제주읍(당시는 제주읍이었다) 오현중학교 야간부라도 보내기로 하여 제주시로 오게 되었다.

학교에 보낸다고 하지만 학비를 감당할 능력이 없었으므로 낮에는 외할머니가 경영하는 식당에서 일하면서 침식을 해결하고 학비는 어머니가 담당할 것으로 하여 1949년 9월부터 오현중학교에 입학했다.

초등학교에 다닐 때 제2차 세계대전이 끝나기 전에는 일본에 외할아버지가 계셔서 운동화 등을 보내주셔서 신었고, 해방 후에는 스스로 짚신을 삼아서 신기도 하고 한때 자동차 타이어를 가지고 신발을 짚신처럼 만들어 신는 것이 유행되어서는 계룡동 외숙이 신발 만드는 일을 하였기 때문에 어머니가 교섭해서 구해다가 신기도 하였다. 한편 옷은 어머니가 직접 손으로 만들어 입었는데 입학할 때에는 양복을 구해다가 입었으며 해방이 되어서 일본군이 버리고 간 물건 중에서 군용 실타래를 가지고 옷을 뜨개질하여 입기도 하고 양말 같은 것도 뜨개질하여 신고 추위에는 그 실로 장갑을 뜨개질하여 끼고 다니기도 하였었다. 그것들은 어머니나 누나들이 만들어 주기도 하였지만, 손수 뜨개질하기도 하였었다. 4 · 3 사건으로 동네의 나무를 모두 베어내는 바람에 나무가 흔해져서 1948년 겨울에는 숯을 굽는 일이 유행처럼 번져서 나도 텃밭에 구덩이를 파고 숯을 구워서 겨울에 때기도 하였었다. 참으로 먹고 입고 사는 것이 어려운 시절이었다. 그때 내 나이는 열네 살이었다.

주경야독

뽀드득 소리 나게

나는 1949년 9월 1일부터 오현중학교에 입학하여 다니게 되었다. 1946년에 외할아버지께서 돌아가시기 전부터 관덕정에서 남문통으로 50미터 쯤 올라간 길 오른편에 '애중식당(愛衆食堂)'이라는 상호의 식당을 개업하고 계셨다. 외할아버지께서는 4대 독자이셔서 할머니를 네 분이나 두셨는데 이 식당을 경영하시는 할머니는 네 번째 할머니셨다. 나는 이 할머니가 경영하시는 식당에서 낮에는 식당 일을 돕고 밤에는 학교에 다녔다. 옛사람이 말하는 이른바 주경야독(晝耕夜讀)하게 된 것이다.

내가 15세였는데 이 집에는 나보다 한 살이 어린 외삼촌 (당시 제주중학교 1학년)을 비롯하여 그 아래로 이모와 외삼촌 둘 그리고 외할머니 다섯 식구인데 내가 붙어서 여섯 식구가 살았다. 외삼촌들은 제각기 방이 있었지만 나는 식당 손님을 맞는 방을 겸용하였다. 당시에는 응원경찰대가 제주도에 많이 들어와 있었는데, 당시 단신으로 육지에서 부임한 경찰관 중에 여러 사람이 이 식당에서 하숙하기도 하였다. 그들은 식사만을 하고 숙식은 경찰 기숙사에서 하기로 되어있었지만 때로는 식당에서 자기도 하였다. 그럴 때면 나하고 같은 방에서 자야 했고 그중에서 황해도 출신으로 해주 정(鄭)씨가 있었는데 그는 밤에 술이 거나해서는 자기 고향의 노래라 하며 베틀노래를 곧잘 부르곤 했다.

아직은 어린 나이라서 외삼촌들이 싸움하기도 하였는데 나는 어려서부터도 외할아버지께서 착하다고 칭찬을 아끼지 않으셔서 외삼촌들 보고도 “너희도 성중이처럼 해봐라.” 하곤 하셨는데, 내가 관여할 바가 아니라 해서 초연하게 있었으므로 싸움에 함께 말려드는 일은 없었다.

그런데 외할머니가 성깔이 있으시고 까다로우셔서 그릇을 잘 씻지 못했다는 둥 하여 꾸중을 자주 들었다. 그릇을 씻을 때 뽀드득 소리가 나도록 깨끗이 씻어야 한다고 항상 강조하셨다. 그러나 숙식은 여기서 해결해야 했기 때문에 꾹 참고 일을 착실히 하였다.

바로 앞집에는 당시에는 쌀집이었는데 예전에는 ‘영주서관(瀛州

書館)'을 경영하시며 도서출판도 하고 일찍이는 교원도 하셔서 제주의 문화 사업에 공헌이 많으신 고성주(高性柱) 할아버지가 계셨다. 어느 날 그 할아버지가 나보고 잡지를 구해줄 터이니 관공서에 돌아다니면서 팔아서 학비를 보태면 어떠냐 하시므로 몇 권을 들고 일하는 틈에 관청과 은행 등을 돌아다녀 보았다. 당시에는 별로 관청이나 은행 등 사무실이 적은 때라서 돌아다닐 곳도 한정되었고 별로 팔리지도 않았다. 그래서 그 일은 그만두기로 하였다.

비누와 미안수

1950년 새해가 되어 2월에는 집안 재당숙 되시는 분이 경찰에 간부로 계셨는데, 일자리를 소개해주셔서 그곳에서 일하기로 하였다.

그 일자리란 경찰국청사 내에 있는 이발소에서 일하는 것이다. 이 이발소는 경찰국 내에 근무하는 경찰관의 후생복지라는 차원에서 경영하는 곳으로 정식 이발사가 1명 조수가 1명으로 경영되고 있었다. 마침 정식 이발사도 오현중학교 2년 선배였다. 내가 하는 일은 이발에 필요한 수건을 빨아서 말리는 일과 손님의 머리를 감겨드리고 말려서 미안수(美顔水=스킨로션)로 마무리하는 일과 기타 청소 등이다. 물자가 귀한 시절인데 비누와 미안수는 실컷 사용할 수 있고 언제나 깨끗한 모습을 하고 있어야 했다. 공무원들이라

5시면 퇴근을 하니까 우리도 같이 퇴근을 하여 학교로 가는 것이다. 주임(경위)급 이상은 이발사가 직접 머리를 깎고 뒤처리를 하고 그 이하는 주로 내가 머리를 감기고 뒤처리를 하곤 하였다. 물론 국장도 여기서 이발을 하였다. 당시 경찰국장은 심형택(沈亨澤)이라는 분이었는데 체구가 자그만 분이었다. 심국장 후에 이성주(李成柱)라는 분이 오셨는데 이분은 체구가 크고 뚱뚱해서 이발 의자에 끼일 정도의 우람한 체격을 하고 계신 분이셨다.

정식으로 이발을 하고 머리를 감기는 것은 일의 과정이니 당연하지만, 머리를 깎지도 않았는데 머리만 감겨달라는 사람들이 있어서 하루 종일 쉴 틈이 없었다. 저녁이 되면 팔이 부을 정도로 일해야 하였다. 그러는 과정에서 나도 이발하는 방법을 익혀야 했는데, 먼저 면도질을 익히기 시작하였다. 석 달이 지나서 차차 면도를 하게 되었는데, 때로 면도만을 원하는 손님이 있고 정식 이발사가 바쁘면 내가 하기도 했는데, 때로는 상처를 내어서 야단을 맞는 일도 종종 있었다. 힘들어서 괴롭고 서툴러서 괴로운 나날이었는데 1950년 10월 1일부터는 정식으로 경찰학교의 청부(요즘 말로는 기능직)로 발령을 받아서 지겨운 그 일은 그만두게 되었다. 8개월 정도 그 일을 했다.

학교는 1946년에 제정된 학제에 따라서 9월 1일에 1학기가 시작되었었는데 1950년 2월 13일에 4월 1일부터 1학기가 시작되는 학기제가 변경되어서 나는 1950년 4월 1일부터는 2학년이 되었다. 그 후 1961년 8월 13일에 3월 1일부터 이듬해 2월 말까지로 다시 변경되었다. 지금은 그 제도에 따라서 학교가 운영되고 있다.

만물상 용달사

1950년 6월 25일, 6 · 25 전쟁이 일어나서 국군이 쫓겨서 결국 정부가 부산으로까지 천도하게 되고 피난민이 대거 제주로 몰려들기 시작하였다. 한편 도내의 젊은 청년들은 군대로 출정하고 아직도 4 · 3사건은 진압되지 않았기 때문에 공비의 토벌은 계속되고 있었다. 동시에 경찰관의 증원이 필요했고 따라서 경찰관 교육을 위한 경찰학교가 개설되어서 경찰관 훈련을 강화하게 되었다.

나는 1950년 10월 1일 자로 경찰학교 청부(廳夫)로 정식 발령을 받았다. 인사주임(경위) 김영철(金英喆) 씨가 발령장을 주시면서 하는 말이 내게 큰 격려가 되었다. "그동안 이발소에 다니면서 가만히 보니 네가 성실히 일하고 착해 보여서 도와줄 수 있는 길을 생각했었는데 마침 경찰학교가 개설되어서 자리가 생겨 너를 추천한 것이니 지금까지처럼 열심히 일하고 공부도 열심히 하기 바란다. 그러면 성공할 수 있을 것이다. 알겠지!" 하면서 격려해 주셨다. 그는 이북 출신이었는데 나는 그 뜻을 받아 열심을 다하리라 생각했다.

당시는 일급제였는데 일급 217원을 받았으니 월급으로 치면 6,510원을 받았다. 경찰학교 건물이 없었기 때문에 조천면 신촌에 있는 조천중학교 건물이 징발되어서 거기서 숙식을 하면서 근무하기 시작하였다. 11월까지 2개월 동안 신촌에서 근무하다가 12월이 되어서는 당시 구농업학교 운동장에 설치되었던 미군 콘세트(현재 KAL 빌딩이 있는 곳에서 시작하여 KT 건물, 교육과학원 등이 있는 그 일대의 전농로의 절반까지)를 접수하여 경찰학교를 운영하게 되었으므로 12월부터는 제주시에서 근무하게 되어 학교에도 다닐 수가 있었다.

이 경찰학교에서 내가 하는 일은 사무실 청소는 물론이고 집단 합숙하여 훈련하는 기관이므로 급식을 위한 물품의 검수 확인하는 일과 피복 등 지급품을 지급하는 일을 담당자의 지시에 따라 돕는 것이었다. 100여 명의 급식을 위하여 모든 재료가 용달사에 의하여 공급되었다. 이 용달사는 물자가 귀한 그 시절에 어디서 그런 물건들을 모아 오는지 그야말로 만물상이었다. 장사는 이렇게 해야 하는 것이로구나 하고 생각하게 하였다. 날마다 전표를 대조하면서 수량을 확인하고 물품 상태를 확인하는 일을 돕는 것은 재미도 있었지만 이런 작업을 통하여 사물을 철저히 관찰하고 수량 등을 정확히 확인하는 습관을 지니게 되었다고 생각한다.

북괴군에 밀리어 낙동강 전선에서 교착상태에 있던 1950년 9월 14일 맥아더 장군이 지휘하는 인천 상륙작전이 성공하여 마침내 1950년 9월 28일에는 서울을 수복하고 10월 1일부터는 국군과 유엔군이 38선을 돌파하여 북진하기 시작하였다. 그런데 1950년 10월 19일부터 중공군이 참전하여 전세는 불리하게 되어서 1951년 1월 4일에는 다시 후퇴해야 하는 상황에 놓이고 있었다. 제주에서 한가롭게 경찰관 훈련이나 시킬 수 있는 상황이 아니었기 때문에 경찰학교는 1951년 초부터 업무를 중지하고 미군 콘세트도 철수하였다.

잠정적으로 업무는 계속하였는데 임시 사무소는 경찰학교 교장 사택으로 정해졌지만 실제로 업무는 보지 않았다. 당시 경찰학교 교장은 H 씨였고, 그 사택은 당시에는 원정로에서 오현중학교로 가는 중간쯤의 왼쪽에 있었는데 나는 여기로 출근하게 되었다. 안채에는 교장의 살림집이었고 문간이 있는 곁에 있는 방에서 전화 연락 등을 취하게 되었었다. 경찰학교 연락 사무소 격이었지만 사택인 만큼 공적인 일보다도 사사로운 일에 매달리는 경우가 많았다. 언제 이 학교가 완전히 폐지될는지도 모르는 상황이라서 그만둘까 하고 있었는데, 1951년 2월부터는 경찰국 경무과로 이동발령이 나서 경찰국 본국에서 근무하게 되었다.

수제지건에 관하여

1951년 1월에 정부는 부산으로 천도했고 최후로 낙동강 전선을 보루로 하여 밀고 당기는 격전이 한참 벌어지던 때이다. 경찰국 경무과에 가니 매일 아침저녁으로 청내 각 과에서 모아오는 관할 경찰서로 가는 공문서를 행낭에 담아서 보내는 일과 외부에서 각 과로 오는 공문서를 장부에 기록하고 배부하는 일을 해야 했다. 당시에는 국한문이 혼용되어서 예를 들자면 공문서 머리는 '수제지건에 관하여(首題之件에 關하여)'하는 식으로 작성되는 것이어서 어려웠으나 어릴 때 한문 서당에서 익힌 한자 실력에 더해서 옥편을 책상 서랍에 두고서 모르는 한자를 찾아가면서 한자 공부를 할 수가 있었다. 그리고 미국공보원(USIS)에서 발간하는 뉴스지를 아침과 저녁으로 받아다가 버스 편을 이용하여 성산포 경찰서, 서귀포 경찰서, 모슬포 경찰서로 보내는 일이 주였다. 그때는 신문이 별로 보급되지도 않았을 뿐 아니라 시시각각으로 변하는 전황을 가장 정확하고 신속하게 받아볼 수 있는 것으로 유에스아이에스(USIS=미국공보원)의 시사보도 자료였다. 이런 일을 하는 것을 긍지로 느끼며 시간을 어기지 아니하고 열심히 했었다. 도내에서는 피난민 문제와 한라산 공비 토벌 문제가 있어서 경찰에서도 정신없이 바쁜 시절이었다.

그런데 6월이 되자 공비의 활동이 어느 정도 진정되자 경찰국에서는 그동안 공비 토벌과 관련한 자료를 보관한 창고를 정리하게 되었는데 경찰국 내의 청부들을 모아서 그 일을 하게 되었다. 나는 아침에 버스 시간에 맞추어 공문을 발송하고 보도 자료를 배부하고 나면 11시쯤 되어야 돌아올 수가 있었는데 그 일은 매일 한결같이 일어나는 일인데도 창고 정리 작업을 지휘하는 경리계장 K 씨(당시 경감)는 이를 인정하지 않고 정신적 육체적인 기합을 주고 억지로 그 일을 하도록 하는 데 대하여 반발을 하게 되었다. 마침 3학년이라서 진학 문제도 있고 하여 그만둘 생각을 하게 되어서 8월 말에는 그 자리를 그만두고 학업에만 전염하기로 하였다.

페스탈로치가 되려는 결심

생각해 보면 1949년 9월부터 1950년 2월까지는 외할머니에게서 숙식을 해결했고 그 후 1950년 3월부터 1년 반 동안 경찰국 주변에서 세상을 배우며 학교에 다닐 수 있었고 적지만 급료를 받아서 학비를 내고 집안 살림에도 약간의 보탬을 할 수 있었다. 경찰국에서 근무하는 동안에 법률에 대한 관심을 가지게 되어서 장차 법조인이 되고자 하는 생각도 있었으나 우선은 집안을 일으켜 세우기 위하여서는 취직이 가능한 곳을 골라 교사가 되기로 하였다. 사범학교 입학의 꿈을 가지고 한 학기 동안 공부에 전념할 수 있었다.

경찰학교가 폐교되던 1951년 겨울에는 피난민이 대거 제주도로 이주하게 되어 그렇지 않아도 좁은 제주읍에서는 도저히 방을 구하기가 힘들었다. 이때 그 어려움을 아시고 경찰학교에 근무하시던 분이 내게 흔쾌히 방을 내주셨는데 그 방에는 그분이 쓰던 책장이 있고 그 속에는 좋은 책들이 많았다. 그중에 인체 생리와 질병 치료에 대한 기초적인 이야기를 그림으로 그린 『가정의료수인(家庭醫療手引)』이라는 일본어책이 있었는데 한자마다 토를 달아 있어서 읽기 쉬웠다. 인체생리에 대하여 흥미도 있고 해서 그 책을 많이 읽으며 일본어 공부도 할 수 있었다. 한편 겨울 방학에는 한 계절 새벽 영어 강습이 있어서 열심히 공부하여 영어 공부에도 큰 도움이 되었다.

낮에 직장에 나가던 시간을 잘 활용하여 공부하고 마침내 경쟁률이 심했던 시험에 합격하고 1952년 4월에는 사범학교에 입학하여 페스탈로치 같은 훌륭한 교육자가 되려는 결심을 굳혔다.

6부

온고지신 溫故知新

공자와 자공

안자와 공자의 상호 비판

과유불급

공자의 편애

돈에 현혹되지 않은 고고한 장자

절세의 변론가 맹자

공자와 자공

중국 속설에 "경사이득이나 인사난득이니라."(經師易得, 人師難得)라는 말이 있다. 곧 "글(재주)을 가르치는 스승은 얻기 쉬우나 사람을 가르치는 스승은 얻기 어렵다."란 말이다. '경사'란 글이나 재주를 가르치는 선생을 말하고 '인사'란 인간의 도덕성을 함양하는 스승을 말한다. 이에 요즘은 "학생은 많으나 제자는 없고, 선생은 많으나 스승은 없다."란 말이 생겨났다.

사실 초 · 중 · 고등학생은 누구나 한두 가지 학원에 다니지 않은 학생이 없다고 한다. 이 학원이란 전형적인 경사로서 글이나 재주를 가르치는 것이 주목적이다. 그런데 학교에 학생은 많지만, 학생은 학원만 의지하려는 마음으로 학교 교육은 소홀히 여기는 경향이 강해졌다. 그러니 학원에서 인간의 도덕성을 함양하는 교육을 기대

할 수 없으며 학교에서는 도덕성 교육이 제대로 이루어지지 않고 있는 것이 사실이다. 그러니 참 스승은 없고 참 제자도 없는 현실이 되고 말았다.

이에 공자와 자공의 이야기를 통하여 참스승의 길과 참 제자의 길에 대한 시사를 얻을 수 있지 않을까 한다.

자공(子貢, BC520~BC446)은 위(衛)나라 사람으로서 변설에 뛰어난 공문십철의 한 사람이며 이재(理財)에 뛰어나서 사마천의『사기』『화식열전(貨殖列傳)』에도 오른 사람이다.

자공이 젊었을 때 노(魯)나라를 여행하다가 공자님은 훌륭하여 그 문하에 많은 제자가 모여들어서 예악(禮樂)의 가르침을 받고 있으며, 언젠가는 그들이 천하에 그 가르침을 실현하게 될 것이라는 말을 들었다.

그때 공자님의 제자들 중에는 자공보다 23세 연장인 자로(子路, BC543~BC480도 있었고 1년 연장인 안회(顔回, BC521~BC481)도 있었다. 자공은 그들이 진지한 태도로 공부하는 것을 보고 곧바로 입문하기로 하였다. 입문하자 그날부터 공자님은 자공을 제자의 한 사람으로 다른 제자들 속에 넣어 주었다.

자공은 공자의 문하에서 직접 스승님의 지도를 받을 수 있고 매일 얼굴을 대면할 수 있음에 말로 표현할 수 없는 감동과 커다란 희열로 몸이 떨림을 느꼈다.

어느 날 공자님은 안회를 평가하여 “회는 참으로 훌륭하구나. 밥 한 공기와 국 한 그릇으로 끼니를 이어가며 누추한 뒷골목에 살고 있는 것을 다른 사람은 못내 고생스럽게 생각하고 있는데, 회는 가난을 잊은 듯이 그가 즐겨하는 학문을 계속하고 있으니 참으로 훌륭하다.”(옹야 11) 하고 절찬한 일이 있다. 청빈한 생활을 즐기는 회를 상찬한 말씀이다.

문하생이 되어서 예악을 공부하는 가운데 아직 유학이 무엇인지를 잘 터득하지 못한 채로 이미 장사 재주를 가지고 유복한 생활을 하는 자공으로서는 청빈한 생활이란 맛볼 수 없는 생활이었고, 자공은 이 말씀을 괴롭게 들을 수밖에 없었다.

그러나 자신으로서는 훌륭한 군자라고 생각하는 인간형을 제시하여 공자님에게 여쭈었다.

“선생님 가난하면서도 아첨하지 않고, 부자이면서도 교만하지 않으면 훌륭한 사람이라 하겠습니까?”(학이 15) 하고 여쭈었다. 그러자 공자님은 간결하게 “훌륭하다 할 수 있지. 그러나 가난하여도 도리를 실천하기를 즐거워하고, 부자이지만 예를 좋아하는 자에게는 미치지 못한다.”(학이 15) 하고 자공은 아직 도덕적으로 미숙하다 함을 간접적으로 타일렀다. 이에 자공은 사람은 수양에 수양을 거듭하여야 더 훌륭하게 되는 것이로구나 하고 느끼고 시경을 읽었던 것을 생각하여 "시경에 말하는 절차탁마(切磋琢磨)란 이것을 말하는 것이군요."(학이 15) 하고 확인을 바라는 말을 하자 공자님은 "자공아 그야말로 너하고는 시를 논할 수가 있겠구나. 너는 하나를 들으면 둘을 알고 셋을 아는 능력을 가진 자이다."(학이 15) 하고 칭찬해주었다.

한 번은 자공이 공자님에게 "저는 무엇을 하고 무엇을 할 수 있는 사람이 되겠습니까?" 하고 여쭈었다. 이에 공자님은 "너는 그릇이다." 자공은 의아한 마음에서 "무슨 그릇입니까?' 하고 되묻자 "너는 제단의 중앙에 장식하는 중요한 그릇인 호련(瑚璉)이다."(공야장 3) 하고 칭찬하였다. 공자님은 제정일치라는 입장에서 정치 질서는 대제를 모시는 질서에서 나타나는 것이고, 따라서 정치는 종묘의 제사로 상징된다고 본 것이다. 그 정치의 중심에 있을 만한 인물이라고 보았던 것이다. 후에 자공은 뛰어난 변설로 노나라의 외교관으로서 훌륭한 업적을 남기기도 하였다.

그가 생각하기에 공자님처럼 훌륭하신 분이 어찌 벼슬을 하지 아니하고 계실까 하고 생각되었다. 그래서 공자님이 벼슬을 하실 뜻이 전혀 없으신 것인지를 알아보려고 비유의 말을 하였다.

"여기에 귀한 보석이 있다면 선생님께서는 그것을 상자에 넣어서 소중히 간직하시겠습니까, 아니면 좋은 값을 받고 파시겠습니까?" 하고 여쭈어 보았다. 그러자 공자님은 "팔지. 나는 중매인이 나타나기를 기다리고 있단다."(자한 12)하고 말하였다.

또 "내가 표주박이냐. 달아매 놓기만 하고 먹지 않을 수 없지 않느냐?"(양화 7)하고 벼슬하고 싶은 마음을 나타내기도 하였었다.

공자님은 계씨 정권에 벼슬하기 전에 계씨의 부하로서 비(費)의 장관인 공산불요(公山弗擾)의 초빙을 받아 벼슬하려 하였는데, 그가 정권에 반란을 도모하고 있는 것을 아는 자로(子路)가 만류하여 그만두었고, 진(晉)나라 반란자 불힐(佛肹)의 초빙에도 자로의 반대로 벼슬하지 않았으며 위(衛)나라 영공의 부인인 남씨(南氏)의 초빙에도 벼슬하려 하였었다.

어느 날 자공은 "저는 남이 저에게 해서는 안 된다고 생각되는 일은 저도 남에게 해서는 안 된다고 생각합니다." 하고 말하자 공자님은 "사(자공)야, 너로서는 아직 하지 못할 일이다." (공야장 11)하고 나무랐다. 공자님은 자공이 인(仁)에 대하여 터득하고 있음을 자랑하고 싶은 마음이 발동되는 것이라고 간파하였다.

또 한 번은 공자님이 말하기를 "자공아 너하고 안회는 누가 뛰어나다고 생각하느냐?" 하고 물으셨다. 자공은 오히려 공자님에게 자기가 묻고 싶은 말이라서 어리둥절하고 대답하였다. "제가 어찌 안회와 비교가 되겠습니까. 안회는 하나를 들으면 열을 아는데 저는 겨우 둘을 알 정도입니다." 하고 겸손하게 대답하자 공자님은 "그대로이다. 나도 네가 안회에 미치지 못한다고 생각한다."(공야장 8)하고 자공을 안회만큼은 못하다고 단정했다.

자공은 변설이 뛰어나서 말하기를 좋아하므로 사람을 비교하여 비판하는 버릇이 있었다. 이에 공자님이 말하기를 "사(자공)야, 너는(사람을 비교하여 비판하니까) 훌륭하다. 그러나 나에게는 그럴 틈이 없구나."(헌문 30) 하고 핀잔을 주어 간접적으로 자공을 꾸짖기도 하였다.

공자 일행이 천하 유세를 하고 다닐 때 정(鄭)나라에서 제자들과 떨어져 성문 밖에 혼자 서 있는 공자의 모습을 보고 정나라의 어떤 사람이 한 말을 듣고 자공이 공자님에게 장난삼아 말하였다. "세상 사람들은 스승님을 '상가의 개'라고 합니다." 하고 항간의 평판을 말하자 공자님은 쓴웃음을 지으면서 "그래 집 잃은 개라는 말은 잘한 말이다. 그럴듯하다."(공자세가 25)고 말하며 멍하니 하늘을 쳐다보았다. 자공은 마음에 상처를 주는 말을 하였구나 하고 후회하고 죄송스럽게 생각했다. 이는 스스럼없이 말할 수 있는 친밀한 사이였음을 보여주는 대목이다.

자공은 젊어서부터 이재에 뛰어나서 돈을 모아 부하였으므로 공자가 천하 유세를 하는 14년 동안에 경비를 대었다고 한다.

공자님이 병석에 계시다는 소식을 듣고 자공은 만사를 제쳐놓고 달려가서 임종하였다.

자공은 공자님이 돌아가신 때는 제자들 중 가장 연장자로서 후히 장례를 주관하여 치르고 다른 제자들과 삼 년 시묘를 살았는데 탈상 후에도 또 삼년을 더 시묘를 살았다.

공자님은 사람을 가르치는 스승(人師)으로서 예(禮)로써 인간의 도덕성 함양에 중점을 두고 지도하였다. 그러므로 안회라는 비교 대상의 인물을 놓고 자공에게 직접 비교비판하기도 하고 꾸중하여 나무라기도 하며 자공의 마음에 실의를 느끼게 하는 일이 있어도 거리낌 없이 지도하였다.

자공은 공자보다 31세 연하의 제자로서 스승님의 칭찬과 나무람을 받아가면서도 공자가 어려움을 당할 때마다 큰 힘이 되었다. 안회는 공자가 69세 때에 세상을 뜨고 자로 같은 제자는 바로 1년 전 공자가 72세 때에 가고 남은 제자들 중에서 가장 연장자가 된 자공은 스승님의 임종을 지켜보고 예로써 후하게 장례를 치른 충실한 제자였다. 이때 자공의 나이는 42세였다. 이에서 스승과 제자의 참된 모습을 느낄 수 있다고 생각한다.

안자와 공자의 상호 비판

안자(晏子 BC589?~BC500년)는 중국 춘추전국시대 제(齊)나라의 영공, 장공, 경공 3대에 걸쳐 벼슬한 명재상으로 공자보다 37세 정도 연상이고 공자보다 21년이나 먼저 세상을 떴다.

사기『관안열전(管晏列傳)』에는 말하기를 "안자는 제나라의 영공, 장공, 경공 삼대에 벼슬하였다. 비용을 절약하는 것과 노력하여 일을 행하는 것으로 제나라에서 존중되었었다. 재상이 되어서도 가정에서의 식사는 고기 요리를 2품만으로 한정하고 그 집안 여자에게는 명주옷을 입지 않고 검소한 생활을 하게 하였다. 그가 조정에서 상담에 응할 때는 바른 의견을 제시하고 언제나 스스로 바른 행동을 하였다. 나라에 바른 도리가 행해질 때는 명령대로 따르고 바른 도리가 행해지지 않을 때는 명령을 검토하여 바른 표준에 맞추어 행하려 하였다."고 했다.

안자의 특징을 한마디로 말한다면 '사직의 신(臣)'이라 할 수 있을 것이다. 곧 신하는 군주를 섬기는 것이 아니라 나라를 섬기는 것이라는 사상이다.

공자의 문하에서는 안자의 사상, 예법, 그의 진퇴와 처세술 등 생활이 항상 토론의 대상이 되었었고 공자(BC551년~BC479년) 자신은 안자의 인격을 높이 평가하였으나 그의 예법이나 생활은 비판하였다.

곧 "안자는 생전 인색한 사람으로 알려진다. 대부가 선조를 제사지낼 때는 소나 양을 희생하여 바치는데 안자는 돼지의 어깨 고기를 두(豆)라는 작은 그릇에 그것도 고봉으로 하지 않았고, 세탁한 의관으로 조정에 등청하였다. 아무리 훌륭한 대부라 하더라도 저렇게 인색해서는 신하로서 쓰기 어려울 것이다."하고 비판했다고 한다.

공자(孔子)의 이념은 인(仁)으로 그 인은 예(禮)로 구현된다. 그 예의 세계야말로 사람이 가장 살기 좋은 세계라고 믿었기 때문이다. 다시 말하면 국가 그 자체를 고대에 있었던 소박한 형태의 것으로 만든다는 주장이므로 항상 현실을 거역하여 비현실적이고 혁명적이다.

노나라의 내란을 피하여 노나라를 떠난 공자가 제(齊)나라에 가서 경공(景公)에게 벼슬하려 한 일이 있었다. 곧 경공은 공자에게 전답을 주고 포용하려 하였던 것이다.

그런데 안자가 이를 막았다.

"유자는 익살스럽습니다. 지혜가 있어서 교언으로 사람의 판단을 그릇되게 합니다. 그러니 그의 사상을 규범으로 할 수는 없습니다. 거만하고 타인의 의견을 듣지 않으므로 아래 사람으로 쓸 수는 없습니다. 복상(服喪)을 존중하여 사자를 지나치게 애도하고 파산할 정도로 장례를 훌륭하게 치릅니다. 그것을 우리나라의 관습으로 할 수는 없습니다. 또 유자는 여러 나라를 유세하고 재물을 거지처럼 빌립니다. 그런 자에게 나라를 다스리게 할 수는 없습니다.

천하를 다스릴 만한 현인이 죽은 후 주나라 왕실은 이미 쇠하고 예악이 쇠퇴하여 오래입니다. 몇 대를 걸려서도 그 학문을 탐구할 수는 없을 것입니다. 이제 곧 그 예를 궁구하기는 어렵습니다. 공께서 공자와 그의 예법을 써서 제나라의 관습을 개혁하려고 하는 것은 백성의 선두에 서서 착한 정치를 행하는 것은 될 수 없을 것입니다."하고 비판하고 등용을 막았다 한다.

생각해보면 안자는 공자의 복고적이고 지나친 예를 숭상함에서 오는 허례를 비판하였고 공자는 안자의 지나친 실용적 검약치중의 생활태도를 비판하였다. 이 두 사람의 상호 비판은 매우 의의가 있다. 곧 지나치게 허례허식에 빠지지도 말아야 할 것이며 지나치게 검약함으로 인색하게 살아서도 안 될 것이다.

과유불급

어느 날 공자의 제자 자공(子貢)이 공자에게 물었다.

"사(子張=孫師)와 상(子夏=卜商)과는 어느 쪽이 현명합니까?"

사(師)는 성은 전손(顓孫)이고 이름은 사(師)이며 자장(子張)은 자이다. 공자의 제자로서 공자보다 나이가 48세나 어리다.

상(商)은 성은 복(卜)이요 이름은 상(商)이며 자하(子夏)는 자이다. 공자의 제자로서 공자보다 44세가 어리며 공문십철 중의 한 사람으로 문학에 뛰어나다는 평을 받았다. 자공은 공자보다 31세가 어리다고 하니까 자장보다는 17세나 연상이고, 자하보다는 13세가 연상이니 선배로서 촉망받는 후배들에 대한 스승님의 평을 듣고자 하였을 것이다.

그리고 이 두 사람은 대조적인 성격의 소유주였던 것 같다. 그러므로 공자의 가르침은 방법이 조금 달랐다.

『논어』에 따르면 자장이 공자에게 물었다.

"우리 선비는 어떻게 해야 세상 사람들로부터 달인(達人)이라는 평을 듣게 됩니까?"

공자가 말하기를

"네가 말하는 달인이란 어떤 내용의 사람을 말하느냐?"

이에 자장이 말하기를 "사회에 나가 있어도 사람들이 알아주게 되고, 집에 들어와 있어도 사람들이 알아주게 되는 그런 사람을 말합니다."

이에 공자가 말하기를

"그것은 유명한 사람일 뿐 달인은 될 수 없다. 달인이란 성질이 정직하고 바른 일 하기를 좋아하고 남의 의견을 새겨듣고 태도를 잘 살펴보아 상대방 심리를 올바로 파악해서 언제나 겸손한 태도로 내 몸을 낮추게 되니 사회에 나가서도 반드시 달인 대우를 받게 되고 집에 있어도 달인의 평을 듣게 될 것이다. 저 유명하다는 사람들은 겉으로만 착한 듯이 보이고 행동은 달리하고 있으며 그러고도 그 자신 그것이 잘하는 것인 줄로 믿고 있다. 이런 사람들은 사회에 나가도 이름만 알려질 뿐이고 집에 있어도 이름만 알려질 뿐이다." (안연 20)

공자의 이 말씀은 자장의 허영심을 두드리는 것이다. 그러나 두들겨 맞을 만큼 자장은 무엇에나 적극적이어서 자유분방하게 자신을 과시하려고 하는 점이 있었다. 그래서 지나치다는 평을 받았다.

친구인 자유(子游)가 말하기를 "내 친구 자장은 재주가 뛰어나고 기개가 높아 다른 사람이 따를 수가 없는 인물이다. 그러나 아직 어질다고는 할 수 없다."(자장 15)고 평했고, 증자(曾子)는 말하기를 "자장은 참으로 당당하다. 그러나 그와 더불어 어진 일을 밟고 나아가기는 힘들다."(자장 16)고 평했다.

한편 자하(子夏)에게는 이렇게 깨우쳤다고 한다.

"너는 군자유(君子儒)가 되고 소인유(小人儒)가 되지는 마라."(옹야 13) 곧 군자유란 자기 수양을 본의로 하는 구도자다운 대국적인 학자를 말하고, 소인유란 지식을 얻는 데에만 급급하여 명성을 쫓는 소극적인 학자가 되지는 말라는 뜻이다.

아마도 자하는 금과옥조로 지키는 규범에 묶이어 운신의 폭이 좁은 점이 있었던 것 같다. 그래서 미치지 못한다는 평을 받았다.

공자는 이 두 사람을 비교해 주기를 바란 자공에게 대답하여 말하기를

"사(자장)는 정도에 지나친 점이 있고, 상(자하)은 좀 모자라는 편

이라 할까." 하고 대답하자 자공이 묻기를 "그러면 사가 나은 편이 되겠습니까?"

이에 공자가 말하기를 "그런 것은 아니다. 도에 지나친 것이나 미치지 못하는 것이나 마찬가지이다."(선진 15)

이 말은 모든 일에 중용을 지키어 지나치거나 모자람이 없어야 한다는 것을 강조한 말이라 생각한다.

우리가 세상을 살다 보면 지나치게 몰입하는 경우가 없지 않다. 지나치게 도락에 빠지거나 자기 취미에 빠지거나 향락에 빠져서 결국 헤어나지 못하는 경우가 있다. 그러나 이를 억누를 수 있어야 한다. 그리고 아무리 해도 해도 지나치지 않은 것이 있으니 『명심보감』 계선편에 나오는 마원의 말씀을 새겨둘 필요가 있다.

마원(馬援)이 말하기를 "종신행선(終身行善)이라도 선유부족(善猶不足)이요 일일행악(一日行惡)이라도 악자유여(惡自有餘)니라." 곧 한평생 착한 일을 행하여도 착한 것은 오히려 부족하고 단 하루를 악한 일을 행하여도 악은 스스로 남음이 있다고 하였다. 우리는 종신행선하기에 힘써야 할 것이다.

공자의 편애

안회(顔回)는 공자의 학문을 계승할 후계자로서 공자가 자식처럼 귀하게 여겼었다고 하는데 공자보다 30세가 연하였고, 자공(子貢)은 변설에 능하고 이재에 밝았으며 안회보다 1년이 연하였다. 그들은 거의 동년배의 문하생으로서 경쟁심이 없을 수 없는 일이다. 물론 전문적인 분야가 다르다고 하더라도 스승의 대하는 태도에는 민감할 수밖에 없었을 것이다.

공자가 계씨(季氏) 정권에서 물러나 망명으로 천하유력의 길에 나섰을 때 자공은 이재에 밝아서 돈을 많이 가지고 있었으므로 그 경비를 마련했다고 한다. 그리고 다른 제자들도 동행했는데 자공이 생각하기에는 아무래도 공자님은 자로(子路)나 안회를 더 좋아하는 것 같았다. 물론 당시에는 긴 여행을 하려면 위험 부담이 있었기 때문에 용감한 자로를 중히 여긴 것은 이해가 된다. 그러나 안회에 대한 공자의 신뢰는 조금 과대평가처럼 보였다.

공자는 안회를 평가하여 "회는 참으로 훌륭하구나. 밥 한 공기와 국 한 그릇으로 끼니를 이어가며 누추한 뒷골목에 사는 것을 다른 사람은 못내 고생스럽게 생각하고 있는데, 회는 가난을 잊은 듯이 그가 즐겨하는 학문을 계속하고 있으니 참으로 훌륭하다."(옹야 11) 하고 절찬한 일이 있다. 청빈한 생활을 즐기는 회를 상찬한 말씀이다.

청빈한 생활, 이미 장사 재주를 가지고 유복한 생활을 하는 자공으로서는 맛볼 수 없는 생활이었고, 자공은 이 말씀을 괴롭게 들을 수밖에 없었을 것이다.

위(衛)나라에서 진(陳)나라로 가는 도중 광(匡)이라는 곳에서 위난을 당한 일이 있었다. 체격이 훌륭한 공자의 모습을 본 광(匡) 사람들이 일찍이 이 땅에서 난폭한 짓을 저지른 양호(陽虎)라고 잘못 알고 그들 일행을 포위한 것이다. 이 사건으로 일행이 산산이 흩어지고 안회가 일행에서 떨어지고 말았는데, 일행은 그 안부를 걱정하였지만, 공자는 몇 배로 걱정을 하였다.

그러나 수일 후에 안회는 공자 일행을 찾아 좇아 왔다. 그때 공자님은 안회를 부둥켜안고 "나는 네가 죽은 줄 알았다." 하고 무척 반가워했다. 안회는 "스승님이 계신데, 회가 어찌 죽겠습니까."(공자세가 23, 선진 22) 하고 대답하여 두 사람은 재회를 기뻐하였다.

자공은 생각하기를 도대체 나는 왜 이렇게 여기서 공자님과 함께 여행을 하는 것일까? 이 여행의 여비를 거의 부담하고 있는 것은 무슨 때문인가 하고 분간을 못 하였을 것이다. 공자의 편애함을 직접 목격하고 있기 때문이다. 그래서 아마도 공자님은 나의 돈만을 알고 계신 것이 아닐까 하고 생각하기까지도 하였을 것이다.

그렇게 패배감 속에 있는 어느 날 공자님은 안회가 없는 자리에서 자공에게 "너는 회와 네 자신을 비교할 때 누가 낫다고 생각하느냐?" 하고 질문을 하였다. 자공의 시기하는 마음을 꿰뚫어보는 듯한 말씀이었다. 자공은 속으로 공자님이야말로 어느 쪽이라고 생각하십니까? 하고 묻고 싶었지만, 이를 억누르고 애써서 겸허하고 냉정하게 "제가 어찌 안회를 따를 수가 있겠습니까? 그는 하나를 들으면 열을 아는데, 저는 하나를 들으면 둘을 알 수 있는 정도입니다." 하고 대답하였다. 그런데 공자님은 "그래. 네 말이 맞다. 나도 그렇게 생각한다."(공야장 9)고 덧붙였다.

자공이 어느 날 내가 바라지 않는 일을 남에게 시키지 말라 하시는 공자님의 가르침을 생각하여 공자님에게 말하기를 "남이 내게 해서 싫은 것이면 나도 남에게 하지 않을까 합니다."하고 인을 베풀겠다는 의지를 나타내 보였다. 그랬더니 공자님이 말하기를 "그건 어려운 일이다. 너로서는 힘들 것 같다."(공야장 11)고 말하는 것이었다.

점점 공자님의 안회에 대한 평가는 높아 가는데 자공은 미흡함을 지적받게 되어 매우 의기소침해 하고 있었다.

그 무렵 안회는 31세의 젊은 나이에 죽었다.(공자 71세 때) 공자의 아들 공리(孔鯉)가 죽은 후(공자 69세 때)의 일이다. 안회가 먼저 세상을 떴을 때 공자는 마음속 깊은 곳에서 우러나오는 슬픔 때문에 "아 슬프다. 하늘이 나를 버리셨구나, 나를 버리셨구나."(선진 9) 하고 한탄하며 몸부림을 쳤다. 공자님의 평생에 이처럼 격한 감정의 표출은 이례적인 일이었다. 제자의 한 사람이 이것을 지적하자 "내가 너무 슬퍼하느냐? 내가 이 사람을 위해 원통해 하지 않고 누구를 위해 원통해 하겠느냐?"(선진 10) 하고 힘주어 말씀하셨다.

안회가 가서 남은 제자들의 평가가 올라갔는가 하면 결코 그렇지 않았다. 노나라 애공(哀公)이 공자에게 묻기를 "제자들 가운데 누가 학문을 좋아합니까?'(옹야 2) 하고 묻자 공자가 말하기를 "안회란 사람이 있었습니다. 그는 남에게 노여움을 갖는 일이 없으며, 똑같은 잘못을 두 번 되풀이하는 일이 없었습니다. 그러나 명이 짧아서 지금은 죽고 없습니다. 그가 없는 지금은 아직 참으로 학문을 좋아하는 사람이 없는 것 같습니다."(옹야 2) 하고 대답하였다 한다.

공자님은 때때로 안회와 자공을 비교 비평하는 말을 하는 일이 있었다. 공자님이 말하기를 "안회는 거의 완전에 가깝다. 마음속에 아무런 사욕이 없이 텅 비어있다. 자공은 천명에 따르지 못하고 돈을 벌기에 열중하고 있다. 그러나 먼 앞일을 내다보는 일은 자주 맞춘다."(선진 18) 하고 말하여 안회는 완벽한 덕행의 우등생이고 자공은 돈벌이에 밝은 현실 공리주의자인 것처럼 평가하고 있다.

안회나 자공은 현인이라 할 수 있는 이들이다. 과연 그들에게 경쟁의식이라 할까 시기 질투가 있을 까닭이 있으랴마는 그들도 인간이므로 현대적인 감각으로 생각해보면 그들도 예외가 아니라 생각된다. 그리고 아무리 군사부일체의 근원을 이룬 공문이지마는 당사자를 앞에 두고 우열을 평가하는 공자의 태도는 현대의 안목으로 볼 때 과연 어떻다 해야 할까?

돈에 현혹되지 않은 고고한 장자

요즘 모 기업 회장의 돈 문제로 세상이 시끄럽다. 그 많은 돈이 어디서 나오는지 그리고 그 돈을 뿌린 결과는 과연 어떠했는지 궁금하다.

돈을 뿌리는 사람은 그 돈으로 다음의 좋은 성과를 노리고 하는 투자행위일 것이지만 돈을 덥석덥석 받는 사람들은 무슨 염치로 받으며 받은 결과로 그냥 넘기지는 못할 터이니 세상의 부패는 조장되는 것이 아닐까.

원래 권력욕과 금욕과 애정욕은 인간에게 보편적인 욕망이지만 이를 부정하게 추구함으로써 패가망신한 자가 동서고금을 통하여 무수히 볼 수가 있다. 이런 욕심의 유혹에서 초연할 수 있어야 훌륭한 인격자이며 지도자라 할 수 있지 않을까.

가만히 있어도 돈을 가져와서 받게 되는 소위 권력자들에게 한 마디 옛날이야기를 들려주고 싶다.

옛날 장자(莊子) 이야기이다. 장자가 살았던 시대는 여러 나라가 패권을 잡으려고 경쟁이 심했던 시기였다. 마침 초(楚)나라 임금은 장자라는 사람이 현자라는 평판을 듣고 재상으로 이를 모시고자 귀한 선물을 정성껏 갖추고 사자를 장자에게로 보내었다. 마침 그때 장자는 국경지대인 복수(濮水)라는 강가에서 낚시를 하고 있었다.

두 사람의 사자는 장자에게로 다가가서 "우리나라의 정치를 맡길 터이니 어서 와 주시기 바랍니다."하고 정중하게 왕의 뜻을 전하고 간청했다. 그러나 장자는 낚싯대를 잡은 채로 돌아보지도 않고 말하였다.

"당신에게 한 가지 이야기를 들려드리지요. 당신네 나라 사당 안에는 큰 거북이 모셔져 있소. 그것은 죽어서 삼천 년이나 되었는데 임금은 이것을 비단에 싸서 소중하게 상자에 넣어 사당에 모셔있다고 들었소. 당신들도 그 거북이의 몸이 되어서 잘 생각해보는 것이 좋겠소. 그 거북이는 죽어서 단지 뼈만을 존귀한 것으로 모셔지기를 바랐겠소. 아니면 비록 펄 속에서 꼬리를 끌고 있더라도 살아있기를 바랐겠소. 어느 쪽인가요?"

이 말에 대하여 사자들은 "차라리 살아서 진흙 속에서 꼬리를 끌기를 바랐겠지요."하고 대답하지 않을 수 없었다.

이에 장자가 말하였다. “어서 돌아가시오. 실은 나도 역시 펄 속에서 꼬리를 끌고 있더라도 좋소. 살아있고 싶소. 모처럼의 청이지만 거절하오.”하고 거절하였다.

옛날 중국에서는 한 나라에 큰 사건이 일어나면 그 사건의 길흉을 점치기 위하여 거북의 등껍질에 금을 내고 그 홈에 쑥을 끼어 불을 붙이면 균열이 벌어져서 이상한 무늬를 이루는데, 이 무늬를 보고 길흉을 판단하였다. 그래서 이것을 신귀(神龜)라 해서 존귀하게 다루어졌었다.

이 이야기는 권력에 영합하지 않고 가난하더라도 자유롭게 살고 싶다는 뜻이 담겨 있다고 하겠다.

헐벗고 굶주리는 것이 미덕이 될 수는 없지만 남의 것을 주는 대로 받아들이는 사람의 태도는 아무래도 이해할 수가 없는 일이다. 자신이 수고하지 않고 생기는 돈이란 악을 낳게 하고 욕심을 일으키고 결국 죽음으로 이끄는 독약이라는 것을 잊고 스스로 고고한 인격과 자존심을 버리는 일이라는 것을 어찌 생각하지 않는 것일까.

아무리 황금만능의 시대라 하지만 돈에 현혹되지 않은 고고한 인격자 지도자가 그립다.

절세의 변론가 맹자

『맹자』를 읽고 있노라면 그 이상주의를 흥미로운 예화로 이끌어 설복시키거나 상대의 주장을 논파하는 데에 통쾌함을 느끼게 된다. 그러나 정치라는 현실에서 그의 주장을 받아들여 실현하기에는 쉬운 일이 아니었다. 그러므로 여러 나라를 유세하여 돌아다녔으나 끝내 받아들여 주지 않음이 안타깝다.

맹자(孟子, BC372 ?~BC289 ?)는 중국 전국시대(戰國時代)의 유교 사상가로서 성은 맹(孟)이고 이름은 가(軻)이며 자는 자여(子輿) 또는 자거(子車)라고 하지만 확실하지 않다.

주(周)나라 열왕(列王) 4년 (BC372), 추(鄒)(산동성추현/山東省鄒縣=공자가 태어난 노나라에 가깝다)에서 태어났다고 한다. 공자 사후 108년 후의 일이다.

그런데 소년 시절부터 50세가 되어서 위(魏)나라에 나타나기까지의 맹자에 대해서는 자세한 기록이 없다.
단지 맹자의 어머니는 어린 아들의 교육을 위하여 각별히 신경을 썼다는 다음과 같은 일화가 전해진다.

맹자의 어머니는 남편과 사별하고 처음에는 묘지 근처에서 살았다. 맹자가 노는 것을 보니 언제나 무덤을 파는 흉내만 하고 있었다. 이러고서는 안 되겠다고 생각하여 시장 근처로 이사하였다. 이번에는 장사꾼 흉내만 하면서 놀았다. 이것도 도움이 되지 않겠다고 생각하여 학교 근처로 이사하였다. 그러자 어린 맹자는 제사도구를 벌려놓고 제사를 지내는 흉내를 내게 되었다. "이곳이야말로 내 아들을 교육시킬 좋은 환경이다."고 생각하여 기뻐하였다.[맹모삼천지교/孟母三遷之敎)]

자란 맹자는 어머니의 슬하를 떠나서 유학하게 되었다. 학교에서 무슨 재미없는 일이 생겼는지 맹자는 졸업도 하기 전에 학교를 그만두고 집으로 돌아왔다. 마침 어머니는 베를 짜고 있었는데 그때 돌아온 맹자에게 물었다.

"공부는 잘하고 있겠지. 학업은 어느 정도 나아갔느냐?"

"아니 그저 그렇습니다."

아들의 얼굴빛을 보고서 어머니는 눈치를 챘다. 어머니는 작은 칼을 들고 의아한 눈으로 보고 있는 아들 앞에서 베틀의 날을 잘랐다.

"너는 학업을 그만둔 것이지. 모처럼 학업에 뜻을 두고 공부를 시작했는데 중도에서 그만두려는 것은 내가 이렇게 베틀의 날을 자르는 것과 같다."

엄하게 꾸짖는 어머니를 보고 맹자는 마음속에서 생각이 달라져서 학업에 열심을 다하게 되었다고 한다.[맹모단기지계/孟母斷機之戒)]

그는 공자의 손자인 자사(子思)에 입문하여 학업을 닦았다. 자사를 존경하고 다시 그 스승인 증자(曾子)에 경도되어 자사(子思)에게서 증자(曾子)에게로 학통을 거슬러 올라감으로써 공자에 이어져 "인류가 발생하여 공자보다 더 훌륭한 사람은 없다."고 할 만큼 공자를 존경하고 숭배하였다. "나의 소원은 공자를 배우는 것뿐이다."고 맹세하고 있었던 듯하다.

공자의 가르침인 유교의 정통을 이어가는 사람으로서 자신을 견지하고 있었던 그가 50세가 되는 해에 고향인 추(鄒)를 떠나 위(魏)나라에서는 양혜왕(梁惠王)을 만나서 왕도정치를 부르짖고 왕의 동조를 받을 수 있었다. 그러나 양혜왕 사후에 그 위를 이어받은 양왕

(襄王)에게서는 믿음이 서지 않아서 떠나야 했다. 제(齊)나라로 옮겨서는 선왕(宣王)의 호의로 '직하(稷下)의 선비'로서 학자의 대우와 대부로서의 공경의 대우를 받았다. 그러나 "백성의 신임을 얻어야 천자가 되고 천자의 신임을 얻어야 제후가 되는데 사직을 위태롭게 하는 제후는 바꿀 수도 있다."(진심장구하)는 주장에 대하여 간함을 받아들이지 않으려는 절대군주다운 권위에 반대하여 제나라를 떠나야 했다. 다음 송(宋)나라에서는 송걸(宋桀)이라고 알려진 폭군 언(偃)에게는 자신을 굽히면서 만나고 싶지 않다고 하여 거부하고 잠시 머물기만 하였다. 다음 등(滕)나라에서는 문공(文公)의 정치 고문으로 대우를 받으면서 경제안정과 교육에 대한 조언을 하였다. 다음 노(魯)나라에서는 반대하는 장창(臧倉)이라는 신하의 방해로 군주인 평공(平公)을 만날 수 없었다. 이를 그는 "내가 노나라 제후를 알현하지 못한 것은 천명이라 해야 할 것이다. 장창이라는 한 사람이 나를 노나라 제후에게 알현할 수 없도록 하는 것은 도저히 가능한 일이 아니다. 무엇이거나 천명이다.(양혜왕장구하 16)라 하여 체념하였다. 결국, 여섯 나라를 유세하며 왕도정치를 주장하였으나 어느 나라에서도 받아들여지지 않았다.

그는 제후가 나빴던 것은 아니다. 또한, 왕도정치는 바르다. 그것을 주장하는 나 자신의 태도도 발랐다고 생각했다. 그런데 어찌하여 왕도정치를 실현할 수가 없었던 것일까? 백성의 행복을 추구하는 인의의 정치, 왕도정치가 어찌하여 열매를 맺을 수 없었던 것일까. 그것은 인력을 가지고는 어쩔 수도 없는 어떤 힘이 작용하고 있기 때문이다. 곧 천명이기 때문이라고 깨닫게 되었다. 이 유세 14년을 통하여 인간으로서 되는 몫과 인간으로서는 안 되는 몫을 안 것이다.

이제야 늙은 나 자신의 몸은 시시각각 죽음을 향하여 다가간다. 남은 생명이 얼마 남아 있지 않다. 그 얼마도 남지 않은 여생을 그러나 어떻게 살아야 할 것인가? 그것은 분명히 인간으로서 할 수 있는 몫을 다하는 수밖에 없다. 지금까지도 그렇게 해온 것처럼, 항상 납득할 수 있도록, 거짓 없이 바른 도를 걸어가자고 결심하여 결국 노년에 고향인 추(鄒)나라에 돌아와서 제자의 교육과 편찬에 종사하다가 83세(BC289)에 생을 마쳤다.

공자의 가르침에 "일은 민첩히 하고, 말은 조심하라."는 말이 있는데, 맹자는 공자의 학설을 받은 사람들 중에 제일 가는 다변가이다. "내가 어찌 변론을 좋아하랴. 나는 할 수 없이 그러는 것이다." (등문공장구하)라고는 말하고 있지만, 얼마나 자신의 신념을 주장하려는 열정이 강했으면 변론을 하지 않고는 못 견뎠겠는가 생각해 본다. 어지간히 모가 나는 사람이 아니다. 때로는 말하지 않은 것이

낫다고 생각되는 것마저 말해버린다. 맹자는 절세의 다변가, 변론가였다.

내일은 쾌청하다

1판1쇄 발행 2015년 6월 25일

지 은 이 고성중
편　　집 강인애
펴 낸 이 김진수
펴 낸 곳 **한국문화사**
등　　록 1991년 11월 9일 제2-1276호
주　　소 서울특별시 성동구 광나루로 130 서울숲 IT캐슬 1310호
전　　화 (02)464-7708 / 3409-4488
전　　송 (02)499-0846
이 메 일 hkm7708@hanmail.net
홈페이지 www.hankookmunhwasa.co.kr

책값은 뒤표지에 있습니다.

ISBN 978-89-6817-235-9 03810

이 도서의 국립중앙도서관 출판예정도서목록(CIP)은 서지정보유통지원시스템 홈페이지(http://seoji.nl.go.kr)와 국가자료공동목록시스템(http://www.nl.go.kr/kolisnet)에서 이용하실 수 있습니다.(CIP제어번호: 2015015341)

이 책은 2015년도 한국문화예술위원회, 제주특별자치도, 제주문화예술재단의 창작지원금을 받아 발간되었습니다.